LA REBELIÓN ESTUDIANTIL EN CHILE
Una generación con voz propia

La rebelión estudiantil en Chile

Una generación con voz propia

Rubén Andino Maldonado

ocean sur 07 SEVEN STORIES

New York • Oakland • London

Seven Stories Press/Ocean Sur
140 Watts Street
New York, NY 10013
www.sevenstories.com

ISBN: 978-1-925019-65-0 (paperback)

151267049

Índice

Presentación

La rebelión estudiantil, cuyos hitos cada vez mayores en masividad, accionar y logros, se registraron durante los años 2001, 2006 y 2011, sin implicar ello un cese de actividad en los periodos intermedios ni en el presente, representa un punto de giro trascendental en el «guion» de la historia de Chile posdictadura, pues ha hecho enfilar la acción política nacional en una dirección que hoy trasciende los objetivos estudiantiles netos buscando impactar en el conjunto de la sociedad. En efecto, conscientes de que la Educación es un componente de un sistema mayor del cual depende y cuyo cambio se requiere, los estudiantes han logrado generar una adhesión y movilización ciudadana más generales en pro de reformas como la tributaria que, junto con recaudar más impuestos de los más ricos para contribuir a una educación gratuita y de calidad, apunte asimismo al modelo neoliberal. Del mismo modo, han logrado sumar fuerzas en pro de una asamblea constituyente que elimine el marco jurídico-político creado por Pinochet, que entorpece una transformación integral de la sociedad chilena.

El movimiento estudiantil, que se podría estimar de esencia efímera por su propia naturaleza, ha logrado formar generaciones de reemplazo que le otorgan una presencia consistente en el escenario político chileno. Así, nuevos secundarios y nuevos universitarios van tomando el relevo de las generaciones anteriores, y quienes egresan del ámbito estudiantil se han logrado insertar como parlamentarios, líderes políticos y funcionarios en posiciones de poder.

En este libro, el periodista Rubén Andino Maldonado entrevista a los protagonistas del movimiento estudiantil por la educación.

Las vivencias de 31 entrevistados, hombres y mujeres, configuran un representativo mosaico con las opiniones autorizadas de este conjunto de dirigentes. Ocean Sur Chile entrega este libro a sus lectores como un aporte indispensable para comprender el prometedor rumbo de la sociedad chilena en virtud de esta nueva generación que en su diversidad expresa una nueva mirada que, desde la Educación, se proyecta hacia el país.

El editor

Introducción

Que vivan los estudiantes,
jardín de las alegrías.
Son aves que no se asustan
de animal ni policía,
y no le asustan las balas
ni el ladrar de la jauría...

VIOLETA PARRA, «Me gustan los estudiantes»

Pese a la oposición de todos los poderes formales o fácticos existentes en Chile, el movimiento estudiantil ha logrado poner en el debate su demanda de enseñanza pública gratuita, igualitaria y de calidad. La masividad lograda en 2011 le dio la consistencia de un actor colectivo, capaz de representar el descontento de millones de familias que se identificaron de manera espontánea con la propuesta estudiantil.

Cuando uno de los ministros de Educación de Sebastián Piñera puso en duda la representatividad de los líderes estudiantiles, diciendo que «las bases no siguen a los dirigentes estudiantiles», Eloísa González, vocera de la Asamblea Coordinadora de Estudiantes Secundarios (ACES), le respondió: «Tiene razón, las bases no siguen a los dirigentes, los dirigentes siguen a sus bases». La respuesta revela de manera elocuente lo que significa para muchos dirigentes estudiantiles la democracia, la participación, la representación de otros o el liderazgo. Aunque el movimiento estudiantil carezca de un proyecto político único, posee una identidad generacional que se expresa en el modo de entender la política como

4 Rubén Andino Maldonado

un espacio de decisión en que se participa de manera directa, delegando en sus dirigentes el mínimo indispensable de representación. Surgen las interrogantes en cuanto al significado político, capacidad organizativa, permanencia en el tiempo y objetivos de mediano y largo plazo del movimiento juvenil por la educación. Para responder a estas interrogantes, parece necesario escudriñar en sus raíces, incorporando la mayor cantidad posible de elementos que permitan conocer su dinámica interna, sus razones, sus liderazgos y las bases materiales que lo sustentan.

La primera consideración que debemos tener presente es su desarrollo en el tiempo; que abarca a varias promociones de estudiantes. Estamos en presencia de un grupo social que comparte una sensibilidad sobre lo que el país debe ser y esta se refiere a poner como prioridad el desarrollo humano por sobre el crecimiento económico.

El actual movimiento estudiantil posee una evolución coherente y ascendente. Está vinculado íntimamente con «el mochilazo» (2001), ocurrido durante la administración de Ricardo Lagos, con el que los estudiantes pusieron como eje de sus demandas la regulación del pase escolar en el transporte público.

También existe una estrecha relación con el movimiento de «los pingüinos» (2006), al iniciarse el mandato de Bachelet, que permitió sustituir la Ley Orgánica Constitucional de Enseñanza (LOCE) por la Ley General de Educación (LGE). Una experiencia frustrante para los estudiantes porque esta reforma dejó inalterables las bases del modelo educativo chileno: lucro, privatización de la enseñanza y rol subsidiario del Estado en materia de educación. En 2006, los estudiantes se sintieron traicionados por la llamada «clase política» que, luego de allanarse en apariencia a sus demandas, terminó profundizando el modelo de educación existente con reformas legales que no modificaron sus aspectos fundamentales.

Tampoco son ajenas al movimiento estudiantil las sucesivas y contradictorias experiencias vividas por el país en los últimos 40 años: la «revolución en libertad» de Eduardo Frei Montalva, que intentó ser una alternativa de reforma con apoyo de Estados Unidos, ante el fuerte influjo de la Revolución Cubana en Chile; la «vía chilena al socialismo» de Allende, que intentó cambios profundos de orientación socialista dentro de una democracia formal; la dictadura pinochetista, que generó las bases de un nuevo proceso de acumulación capitalista de impronta neoliberal, y por sobre todas las otras, la vivencia de una democracia inconclusa, que ha terminado perfeccionando el modelo instaurado por la dictadura militar.

La visión crítica que posee de esas sucesivas y contradictorias experiencias, da también al actual movimiento estudiantil una fisonomía definidamente política y un contenido que excede con creces la dimensión de una demanda puramente gremial y centrada en la educación.

Lo que hemos vivido desde 1990 es el fruto de una transición pactada entre los partidarios de la dictadura y una mayoría de las fuerzas opositoras agrupadas en la Concertación, que condujo a una restauración democrática incompleta, y terminó por consolidar el régimen político, social y económico heredado del gobierno militar. Este periodo de consolidación de una democracia a medias, culminó en marzo de 2010 con la derrota de la Concertación y la entrega del poder a la Alianza por Chile, derechista. Este hito puso fin al pacto de gobernabilidad instaurado en 1990 y quitó a la Concertación su carácter de garante de la democracia reconquistada.

A partir de 2010, algunas de las fuerzas sociales que apoyaron a los gobiernos de la Concertación por espacio de 20 años, han comenzado a moverse en la búsqueda de una alternativa al régimen existente, poniendo en discusión la legitimidad del modelo político, social y económico consensuado entre los empresarios, las cúpulas políticas, los mandos militares, El Vaticano y EE.UU.

La explosión estudiantil iniciada en 2011, ha sido expresión de una larga acumulación de un malestar compartido hace rato por una mayoría de la sociedad chilena que observa cómo los frutos del crecimiento económico no se reparten equitativamente en la sociedad. Los estudiantes son la cara más visible, una suerte de válvula de escape de la energía social acumulada contra el modelo. Esa cualidad permite comprender por qué la causa estudiantil ha extendido su influencia de una manera «viral» hasta la intimidad de la vida cotidiana de las familias, haciendo que el conflicto de la educación llegue al interior de los hogares.

No es casual que el movimiento de resistencia al modelo de dominación haya surgido desde los estudiantes. Son ellos quienes mejor conocen los mecanismos de funcionamiento del sistema económico, social y cultural existente, porque lo viven cotidianamente en su espacio íntimo. Son ellos también quienes poseen las mejores herramientas para enfrentarlo, dado que esta nueva generación todavía no se ha integrado al engranaje productivo y puede resistir de mejor manera la cooptación de sus dirigentes desde las altas esferas del poder.

Estos jóvenes observan a sus padres sobrecargados de extenuantes jornadas o acosados por la inestabilidad propia de la flexibilidad laboral, abrumados por el subempleo o los bajos salarios. Ven hipotecado su futuro por la mala enseñanza de la escuela o el liceo municipal u observan a sus progenitores endeudados en créditos de consumo a la par que deben aportar al cofinanciamiento de los colegios particulares subvencionados. Muchos estudiantes, que comienzan a probar antes de ingresar a la vida productiva el grillete del endeudamiento, se resisten a aceptar pasivamente la reproducción del mismo ciclo en una nueva generación.

La lucha por el derecho a la educación es la primera acción masiva que desafía la hegemonía mercantil imperante desde hace

40 años en todos los espacios de la sociedad chilena. El propio expresidente Sebastián Piñera debió admitir que la demanda estudiantil es justa; aunque todos sus varios ministros de Educación, mantuvieran intacta en sus discursos la concepción de un Estado subsidiario.

El movimiento estudiantil es la primera fisura política en un sistema de dominación que hasta ahora parecía indestructible. Los estudiantes abrieron una brecha en el gran dique neoliberal mostrando la fragilidad del modelo. Ellos han logrado sensibilizar a gran parte de las personas con la idea de que la educación es un derecho universal que debe ser entregado por el Estado como un servicio en condiciones de gratuidad e igual calidad y posibilidad de acceso para todos.

En esta causa democratizadora, el movimiento estudiantil sabe que sus reivindicaciones van más allá del estrecho marco de las demandas por una educación pública, gratuita y de mejor calidad. Intuye las limitaciones asociadas la reivindicación puramente gremial e intenta establecer vínculos fuera de las fronteras de la demanda por mejor educación, hacia los trabajadores organizados y otros movimientos sociales de matriz ecologista, regionalista o indígena.

Trata de volcar a su favor la simpatía que su demanda despierta en la población, que según encuestas fluctúa en los años 2011 y 2014, entre el 70 y el 80 por ciento de apoyo. Esta simpatía, sin embargo, hasta ahora no se traduce en un respaldo activo, constante y organizado de estas mayorías, todavía silenciosas; porque la sociedad chilena sigue atomizada y desorganizada.

La causa estudiantil ha dado origen también a nuevos liderazgos, que han demostrado tener iniciativa y propuestas. Estos dirigentes, en conjunto, constituyen una nueva generación, que manifestará en el futuro con creciente fuerza su influencia en la vida política y social del país; representando en conjunto una gran diversidad de visiones, opiniones y subculturas.

Esta generación política de recambio, más temprano que tarde se expresará en la conducción del país, en toda la diversidad del arco político; desde la derecha hasta la izquierda, aunque con un claro predominio renovador. A través de los actuales dirigentes estudiantiles se canalizarán en el futuro diferentes realidades sociales, conflictos de clase, culturas políticas, concepciones éticas, dentro del marco de una visión generacional que tiene como elemento común la crítica a la realidad existente.

Los estudiantes constituyen un grupo social en el que se reproduce toda la diversidad de la sociedad chilena actual; expresada en los distintos niveles de la enseñanza y también al interior de cada uno de esas comunidades, producto de la fuerte estratificación existente, en coherencia con la lógica de hierro que rige la «segmentación» del «mercado» de la educación.

Las diferentes propuestas de secundarios y universitarios derivan de intereses específicos, relacionados con las demandas propias de cada sector, y de su distinta composición de clase. Mientras entre los escolares predomina claramente el origen social popular (C3, D y E); el grueso de quiénes estudian en las universidades pertenece al sector más acomodado de la sociedad chilena (ABC1).

Hay también diferencias notorias de origen social entre los que asisten a universidades tradicionales y quienes pertenecen a universidades privadas no tradicionales; también las hay entre los que estudian en planteles que tienen su sede principal en Santiago y aquellos que lo hacen en universidades de regiones. Difieren significativamente además los intereses de los que estudian en universidades con quienes lo hacen en Institutos Profesionales (IP) o Centros de Formación Técnica (CFT). En estas últimas instituciones de enseñanza superior, enteramente privadas, el lucro está permitido, aunque sus aulas reciben paradojalmente a los y las jóvenes provenientes de hogares de menores ingresos.

Entre los secundarios existe una multiplicidad de miradas. Es necesario distinguir los intereses y visiones que tienen aquellos que estudian en los llamados «liceos emblemáticos», de quiénes lo hacen en los identificados con un número. Son distintas las motivaciones de los que estudian en liceos humanista-científicos, de aquellos que lo hacen en liceos técnico-profesionales, y hay diferencias entre los que asisten a los liceos municipales y los alumnos de colegios particulares subvencionados. Otro mundo es el de los colegios cien por ciento privados, que responden a las necesidades de la reproducción social de la elite oligárquica que gobierna el país. Con tamaña segregación, es difícil hablar en Chile de educación igualitaria.

Otra característica del actual movimiento estudiantil es su autonomía de los partidos y de la política tradicional. El movimiento se comporta como una fuerza social que, más allá de su diversidad y heterogeneidad, comparte una visión etaria sobre aspectos relevantes, que difieren de las creencias y valores que constituyen el consenso de los que hoy ejercen el poder en Chile.

Es un dato significativo el surgimiento de nuevas organizaciones políticas a partir del movimiento estudiantil: Izquierda Autónoma (IA), Revolución Democrática (RD), Unión Nacional Estudiantil (UNE), Frente de Estudiantes Libertarios (FEL), Nueva Acción Universitaria (NAU), la Fuerza Universitaria Rebelde (FUR) o Movimiento Nueva Izquierda (NI), entre una infinidad de otras formaciones políticas o «colectivos» de influencia casi exclusivamente universitaria, que en algunos casos se circunscribe al estrecho espacio de una facultad, sede o universidad.

La mayoría de los dirigentes del movimiento estudiantil actual responde a fuerzas políticas emergentes, como: UNE, NAU, FEL, IA o a colectivos locales de cada centro de estudios; aunque el carisma de la presidenta Michelle Bachelet y la suma del Partido Comunista (PC) a la Concertación para formar la Nueva Mayoría, dio oxígeno a la alicaída coalición dentro del movimiento estudiantil, permitiéndole recuperar parte de la influencia perdida en este espacio. Aunque minoritaria, la derecha tradicional también está presente entre los estudiantes a través del llamado «Gremialismo», vinculado con la Unión Demócrata Independiente (UDI), que posee fuerte influencia en la Universidad Católica de Santiago y en las universidades regionales de Talca y Concepción.

A través de su experiencia cotidiana, los estudiantes han descubierto también que sus propuestas no se pueden satisfacer mediante parches al modelo y eso les impulsa a salir de los marcos de la demanda específica de la educación; para situarse germinalmente como un movimiento contra el sistema en su conjunto. La base del conflicto radica en que una educación pública como la que piden los estudiantes pone en jaque al modelo de enseñanza existente; porque se opone de manera frontal a la visión de la educación como un negocio que lucra mediante el uso de recursos públicos.

Con avances y retrocesos, los estudiantes continuarán siendo protagonistas en la lucha social por obtener un acceso más igualitario a la enseñanza en Chile, sobre la base de mejorar la calidad de la educación escolar pública, de obtener más recursos para las universidades estatales e impedir que lucren las universidades privadas.

El mayor logro del movimiento estudiantil ha sido hasta ahora poner en evidencia que en Chile existe una educación cara, discriminatoria y de mala calidad; que se está convirtiendo en un freno para el desarrollo humano individual y colectivo. En este contexto, carga sobre sus espaldas una responsabilidad social que no ha sido asumida integralmente hasta el momento por el conjunto de la comunidad nacional.

La sociedad chilena del periodo de democracia neoliberal ha procreado esta nueva generación de personas ilustradas, que hablan en estas páginas con voz propia, desde el fragor y la subjetividad de la intensa lucha que libran por su derecho ciudadano a la educación con la mirada puesta en un cambio global del orden social imperante en Chile. Son voces diversas, que expresan un sentimiento común de descontento que brota desde la tan manoseada voz del pueblo.

Sea cual sea el resultado de la reforma educacional emprendida por el gobierno de la Nueva Mayoría, y la capacidad que tenga el movimiento estudiantil de permanecer cohesionado tras sus propuestas fundamentales, ante la presión de los poderosos intereses que gobierna el país; resulta evidente que ha logrado correr la vara de lo posible y poner en la agenda pública el tema de la profunda desigualdad existente en la sociedad chilena, que se manifiesta con particular crudeza en el estado calamitoso de la educación pública.

El autor

Alfredo Vielma
La educación es un derecho social*

Alfredo Vielma Vidal (17),[1] vocero de la Asamblea Coordinadora de Estudiantes Secundarios (CONES), vive en Maipú y estudia en el Liceo Miguel Luis Amunategui de la comuna de Santiago. Autodefine su posición política como «radical». Participa en el movimiento estudiantil desde 2008, en 2010 fue vocero político de la ACES y en 2011 se convirtió en su vocero público.

¿Es comparable el actual movimiento secundario con los «pingüinos» de 2006?

Se asemeja por su carácter estudiantil y por sus demandas, pero el movimiento actual entiende el problema de la educación asociado a otros asuntos político-sociales y económicos. Hemos madurado y ahora atribuimos su origen al modelo económico que nos rige y al lucro en la educación. Hay gente que gana con la educación, hay gente que paga por ella, y hay también quienes no la tienen, porque no poseen dinero para pagarla. La principal diferencia entre estos dos movimientos se refiere a cómo concebimos la lucha estudiantil. Junto con nuestra demanda de mejor educación, proponemos asuntos de fondo, como una renacionalización del cobre para obtener los recursos que nos permitan financiar un nuevo modelo educativo.

Se nos acusa de ser un movimiento político de «ultraizquierda». Contestamos que la política es sana, que permite establecer debates

---

*   Publicado en *Punto Final*, edición no. 738, 22 de julio, 2011.

[1]   La edad de los entrevistados corresponde a la fecha de la entrevista.

y significa un avance dentro de la mente de las personas y poner en cuestión ciertos modelos establecidos.

Buscamos también que la ciudadanía sepa que somos dueños del 40% del cobre del mundo y que Chile es el principal exportador mundial. Tres grandes empresas privadas se llevan las utilidades por el 70% del mineral y la nación recibe apenas del restante 30% que aporta CODELCO. La recuperación de este recurso podría ayudarnos no solo a financiar la educación, sino también la salud, la vivienda y a mejorar el salario mínimo.

¿Qué esperan en lo inmediato y qué buscan en el largo plazo?

Somos un movimiento social auxiliar a la principal fuerza que son los trabajadores, es decir nuestros padres. Antes de recuperar la educación tenemos que implantar un modelo político participativo, integrador y equitativo. Chile puede ser una sociedad más justa y ello pasa por instalar formas de democracia directa. Los pueblos deben decidir por sí mismos qué van a hacer con sus gobiernos y sus recursos naturales.

Queremos una sociedad más equitativa y planteamos la recuperación de la educación como un derecho social integral, pluricultural, equitativo, no clasista ni racista. Buscamos que todos los colegios vuelvan a manos de un Estado que deje de cumplir un rol subsidiario y garantice una buena educación gratuita para todos. Queremos que liceos y universidades vuelvan al sector público y que termine el lucro.

El gobierno quiere llevar una propuesta al Congreso Nacional. ¿Creen que ese sea un espacio adecuado para un debate?

No es un buen lugar, por el sistema binominal y por una clase política que no es proclive al pueblo. Los políticos tradicionales de la Concertación, de la derecha y el Partido Comunista, que dice pertenecer al pueblo, no lo han demostrado con sus actos. No creemos que al pasarse la pelota entre el Ejecutivo y el Congreso podamos encontrar una solución.

¿Con quién negociarán una salida?

Chile vive una crisis política que se expresa en dos bandos en el Congreso que no debaten temas que sean de interés para el pueblo. Pensamos que este es el comienzo de un cambio estructural en la sociedad. Los estudiantes estamos creando el contexto adecuado para una Asamblea Constituyente. Recién cuando tengamos una Constitución creada por el pueblo, podremos generar educación, vivienda y salud gratuitas y de calidad. Los países que han logrado implantar Asambleas Constituyentes en Latinoamérica han tenido contextos políticos y sociales creados de manera previa.

¿Se sienten respaldados por sus padres?

Es muy alentador ver a padres y apoderados organizados en asambleas para apoyarnos, donando alimentos o útiles de aseo para sostener nuestra resistencia. Pero también hay padres que tienen un bajo nivel de comprensión sobre nuestro movimiento. El apoyo de la sociedad es crucial para sostenernos.

¿Hay temor en los adultos por la radicalidad de este movimiento?

La generación de nuestros padres tiene el estigma de una dictadura que arrasó con los movimientos sociales. Es comprensible ese temor. Pero debemos actuar y asumir nuestra responsabilidad con el conjunto de la sociedad. Llamamos a superar el miedo y a afrontar estas movilizaciones con alegría y fuerza, para que algún día tengamos una sociedad más justa.

Chile vive en el contexto del capitalismo y de la globalización neoliberal. ¿Serán posibles estos cambios en contra de esos poderes?

Sabemos que esos poderes imperialistas no van a aceptar pasivamente este proceso de desarrollo económico de interés nacional, pero en Sudamérica hay experiencias como en Bolivia, Venezuela o Ecuador, que han renacionalizado recursos naturales en beneficio de la sociedad. Si en estos países fue posible, ¿por qué no podremos nosotros?

El gobierno ha dicho que el movimiento estudiantil aumenta la delincuencia.

Tratan de criminalizar al movimiento estudiantil. Dicen que hay delincuentes entre los estudiantes y nosotros hablamos de autodefensa. Nos defendemos de los golpes, del «guanaco», del gas lacrimógeno, de los insultos, y malos tratos que reciben nuestras compañeras y compañeros al ser detenidos. No somos delincuentes, somos luchadores sociales.

Camila Sepúlveda
Haremos los cambios a los que los adultos no se atrevieron*

Camila Sepúlveda Soto (17), alumna de 4° Medio, presidenta del Centro de Alumnos del Liceo Carmela Carvajal, de Providencia. Estudia Bachillerato en la Universidad de Chile.

Este movimiento, que comenzó centrado en lo educativo, ha ido evolucionando hacia otras demandas.

No tenemos mucho que perder. Vemos las cosas que están mal e intentamos cambiarlas. Los adultos muchas veces creen que no van a lograr nada y eso les impide moverse. Posiblemente ellos piensen «estos niños no van a conseguir nada, entonces no hago nada». Los jóvenes tenemos la energía para decir que sí es posible cambiar las cosas y estamos dispuestos a arriesgarnos.

Demandas como la renacionalización del cobre tienen que ver con la solución, porque allí están los miles de millones de dólares que se necesitan para que la educación chilena sea estatal. Los mineros del cobre están de acuerdo con nosotros en que este dinero debe destinarse a la educación para formar librepensadores que puedan conducir este país y no solamente para uso militar.

El gobierno ha dicho que no tienen interlocutores entre los secundarios. ¿Qué responde?

Trabajamos bajo la forma de la democracia directa, que considera el universo total de votantes. Es lo que nos ha funcionado mejor.

---

* Publicado en *Punto Final*, edición no. 739, 5 de agosto, 2011.

Tenemos reuniones martes y jueves, o cuando sea necesario, y estamos tomando resoluciones metropolitanas, que llevamos a las asambleas nacionales. Nos hemos organizado también en la Coordinadora Nacional de Estudiantes Secundarios (CONES), que se reúne semanalmente en Santiago y regiones. Tenemos voceros metropolitanos y voceros nacionales que nos representan. Ellos son nuestros interlocutores válidos con el gobierno. Nos sentaremos a conversar cuando existan condiciones mínimas para realizar una reunión de trabajo.

¿Cuál es su mensaje a los adultos?

Deben entender que conocemos los riesgos y costos que tiene hacer los cambios en la educación que ellos no se atrevieron a realizar en su momento. Estamos alzando nuestras voces para concretarlos y necesitamos su apoyo. Los adultos deben ayudarnos, votando por una Asamblea Constituyente o para elegir a los gobernantes. La educación chilena está mal y si no corregimos ese problema, el país va a seguir mal. Si conseguimos el apoyo de la ciudadanía esto se puede cambiar en un dos por tres.

¿Es solo la educación lo que está mal?

También hay muchas otras cosas que cambiar, pero la educación es la base. Si cambiamos la educación, cambiaremos la formación de los médicos, y por esa vía la calidad de la salud. Con ciudadanos mejor educados podremos cambiar el sistema de gobierno, enfrentar los problemas desde su raíz e iniciar el cambio macro que necesitamos para llegar a ser un país desarrollado. Todos debemos tener las mismas oportunidades y compartir la riqueza del país. No queremos que pocas personas, por tener más recursos, logren una mejor educación.

José Soto Vejar
El sistema educacional está podrido*

José Soto Vejar (17), presidente del Centro de Alumnos del Instituto Nacional y Secretario General de la Coordinadora Nacional de Estudiantes Secundarios, quiere ser profesor de historia. Actualmente estudia Licenciatura en Historia en la Universidad de Chile.

¿A qué otros agentes o poderes del Estado apelan?

A todas las autoridades. Ellos, como actores políticos, son responsables de la orientación que tome Chile en materia educacional. Deben esclarecer su postura y las respuestas tienen que ser claras y definitivas.

Durante la llamada «revolución pingüina» hubo compromisos del Ejecutivo, que no cumplieron las expectativas de los estudiantes y del país. ¿Temen que esa experiencia vuelva a repetirse?

Con temores no se avanza. Se pueden encontrar acuerdos y llegar a soluciones definitivas sobre nuestras demandas. Si existe desconfianza, esta se ha generado por las acciones de una «clase política» que no ha respondido a las necesidades del país. Ellos deben decidirse a cumplir su función social como políticos y trabajar por el bienestar de Chile.

---

* Publicado en *Punto Final*, edición no. 741, 2 de septiembre, 2011.

¿Cuáles son las exigencias mínimas?

Que haya un real compromiso del Ejecutivo para cambiar el sistema educacional mediante proyectos de ley orientados a que el Estado asuma un rol preponderante en la educación pública. En el caso de la educación superior consideramos que, como mínimo, tiene que eliminarse el lucro en instituciones que reciben financiamiento estatal.

¿Cómo ve la educación particular y particular subvencionada?

Debe existir educación particular, en tanto se tienen que garantizar espacios a todas las formas de ver el país. Pero el Estado debe garantizar un sistema público y nacional de educación que proporcione a chilenos y chilenas las herramientas mínimas para que se desarrollen integralmente como seres humanos y participen en la sociedad.

¿Cree en la llamada «desmunicipalización»?

Nosotros queremos que la administración pase al Ministerio de Educación a través de entes públicos descentralizados, que apliquen políticas nacionales en educación.

Usted habla de entes descentralizados y en Chile no hay entes públicos más centralizados que los municipios.

Me refiero a dotar de más poder a las direcciones provinciales y a las Secretarías Regionales Ministeriales de Educación para que cumplan cabalmente su función. No queremos más burocracia. Los entes ministeriales descentralizados garantizarán que las políticas públicas en educación tengan una orientación nacional; que considere también las diferencias culturales que existen en el norte, el centro o el sur del país.

Además, queremos una democracia efectiva dentro del sistema educacional que permita que estudiantes, profesores, apoderados, autoridades y paradocentes aporten al desarrollo de sus propios liceos.

El Ministerio, desde el nivel central, tiene la responsabilidad de entregar pautas nacionales de educación de las cuales se responsabilice ante la ciudadanía, y no dejar esta tarea en manos de más de trescientas municipalidades que terminan quebradas por esta causa.

¿Qué opina de conceptos como libertad de enseñanza o derecho a la educación?

El derecho a la educación debe prevalecer sobre la libertad de enseñanza, para que todos podamos desarrollarnos como personas. Queremos libertad de enseñanza para que exista el pluralismo, pero normada y reglamentada, para impedir el lucro. Una reforma debe orientarse principalmente a modificar el artículo 19° de la Constitución en sus numerales 10 y 11, que hablan precisamente de la libertad de enseñanza y del libre acceso a la educación. Necesitamos también que el derecho a la educación sea garantizado por el Estado a través de un sistema público eficiente y eficaz.

El presidente Piñera agregó que «nada es gratis y alguien tiene que pagar».

En Chile existen recursos suficientes para garantizar educación gratuita y de calidad mediante una reforma tributaria, la renacionalización del cobre u otra idea que salga en el camino. Son decisiones que las autoridades políticas tienen que tomar, porque los recursos existen. Considerando la cantidad de riqueza que genera el país a través de todos los sectores económicos, es difícil pensar que no podamos financiar una obligación patriótica, relacionada con el bienestar de todos y todas.

¿Qué papel compete a los profesores en el movimiento por la educación?

Deben participar en las propuestas y soluciones y aumentar la presión hacia el gobierno. Han realizados paros, han estado en las mesas de negociación, actuamos juntos en las convocatorias, en las marchas y mantenemos una permanente coordinación con ellos. Están participando pero creo que debieran aumentar su actividad. Necesitamos profesores más activos y atentos a los cambios de la sociedad. Cuando seamos capaces de cambiar el sistema de enseñanza, recién podremos cambiar la forma en que los profesores enseñan. Ambos factores están conectados y el cambio que hagamos en la parte estructural del sistema va a incidir en su funcionamiento posterior.

Para realizar el cambio se requiere el aporte conjunto de educadores, pedagogos, estudiantes, expertos, políticos y ciudadanos. Nuestro llamado no está dirigido solo a las autoridades políticas, también va a todos los actores que intervienen en el proceso educativo y en última instancia, a toda la nación.

¿Considera que los medios de comunicación dan cuenta de esta nueva realidad?

Los grandes medios no han estado a la altura de este movimiento social y de un país que exige información verídica. Por eso el pueblo les pasará la cuenta. Quieran o no, han tenido que reflejar el apoyo masivo de la ciudadanía.

Francisco Figueroa
Queremos una expresión política propia*

Francisco Figueroa Cerda (24), vicepresidente de la FECH, egresado de Periodismo en la Universidad de Chile, milita en la Izquierda Autónoma, organización política que reconoce sus raíces en la disuelta Surda. En 2013 fue candidato a diputado en el distrito 21, de Ñuñoa y Providencia y es periodista titulado.

¿Cómo se han comportado los grandes medios de comunicación respecto al conflicto estudiantil?

Los medios han desplegado una serie de estrategias para criminalizar la causa de la educación, manipular sus demandas o simplemente desoírlas y, en esto, han fracasado. Este es un movimiento tan amplio, que han tenido que reconocer su legitimidad y honestidad. Muchos periodistas simpatizan con nosotros. Ellos mismos se han formado en este sistema de educación precario y conocen sus debilidades en carne propia. Además, trabajan en condiciones de alta exigencia y bajas rentas. El dato de fondo es que para construir una verdadera democracia, se necesita también una red de medios que represente las distintas voces que existen en la sociedad, sin tergiversar la información.

¿Cómo vive esta juventud la relación entre lo político y lo social?

Intentamos socializar lo político y politizar el espacio social. No podemos seguir delegando en la clase política las definicio-

---

* Publicado en *Punto Final*, edición no. 742, 16 de septiembre, 2011.

nes relacionadas con nuestro futuro. Somos una generación que entiende que para construir una democracia que traiga una mejor vida para nosotros y nuestras familias, no basta con derecha o Concertación, porque estas expresiones políticas demostraron ser alternativas fallidas.

Somos una generación convencida de que tiene que darse una expresión política propia, y eso se hace desde lo social, como una maduración de la acción colectiva que desplegamos desde la sociedad y que entiende que lo social y lo político deben combinarse. Esta no es una reflexión que se haga en las aulas, que la saquemos de los libros o porque tenemos ideas de izquierda. Surge de las luchas que libramos y forma parte de un conjunto de convicciones que estamos adquiriendo, como generación, durante la última década.

¿Se percibe una brecha generacional?

A nuestra generación no se le pueden hacer los chantajes que la Concertación hizo a nuestros padres y abuelos. Nos hemos formado a contrapelo de esa Concertación y este es un quiebre generacional, pero es también un quiebre político.

La ausencia de miedo al cambio es algo que también nos distingue de las generaciones anteriores, que vivieron la experiencia traumática de la derrota del movimiento popular y la izquierda en 1973, y la experiencia de haber participado en una salida antipopular a la dictadura. De esa generación nosotros traemos su arrojo, su valentía, su coraje y sus sueños de futuro; pero no tenemos el miedo que hizo posible que los chantajeara la Concertación.

¿Hay un antes y un después del movimiento por la educación?

Este no es un movimiento puramente estudiantil. Lo sustenta un malestar general de la sociedad con el modelo de desarrollo impuesto, y ello da cuenta del agotamiento del pacto de la transición. Se está poniendo fin al capítulo que se abrió con la salida pactada de la dictadura, a este contubernio entre las elites democráticas de la Concertación y las elites autoritarias de la derecha, que inauguraron la política de los acuerdos para mantener un Estado subsidiario con políticas sociales focalizadas, una democracia excluyente y antipopular.

La legitimidad de ese pacto está fracturada y la experiencia nos ha demostrado la necesidad de construir algo nuevo. Estamos dando continuidad a una lucha democrática que se inició en los 80 y se interrumpió durante la Concertación. Ahora estamos buscando un máximo potencial de democracia apelando también a ese pueblo que confió en la Concertación y que creyó que la «alegría venía» trayendo igualdad y gobierno ciudadano. Este movimiento no pide nada más ni nada menos que esas promesas que se hicieron y no se cumplieron.

¿Cómo se expresa en política este movimiento?

Construir una democracia más participativa, con un sistema universal de derechos y un nuevo modelo educativo requiere de nuevas alternativas políticas. Este movimiento es posible precisamente porque existen muchos esfuerzos de recomposición de una izquierda dispersa que hoy se expresan en estas luchas sociales. Espero que este proceso se acelere y de él puedan surgir una o varias alternativas políticas populares. Esta nueva expresión debe ser un actor que luche con propiedad y legitimidad por más libertad e igualdad, sin ser un vagón de cola de la Concertación.

¿Será posible canalizar estas expresiones políticas en la institucionalidad actual?

La actual institucionalidad es expresión de una correlación de fuerzas que existió en un momento de la historia política chilena y que dio origen a un pacto en que el pueblo quedó excluido. Este movimiento, para expresarse en toda su magnitud, requiere de un tipo de democracia más participativa. El pueblo está exigiendo la toma de decisiones y no podemos hacer menos que abrir canales de decisión. No es posible que los parlamentarios no se vinculen con quienes los eligen, que tengamos un sistema en el que se le entrega un cheque en blanco al presidente, que el pueblo no pueda decidir a través de plebiscitos vinculantes sobre temas fundamentales en los que la clase política no se puede poner de acuerdo.

¿Las demandas mínimas del movimiento podrán resolverse en este sistema?

Satisfacer nuestras demandas mínimas significa iniciar cambios profundos. Con ellos buscamos establecer un sistema social de derechos universales que, comenzando por la educación, nos permita romper con la desigualdad, construir con todo el pueblo un proyecto de nación y estimular el conocimiento, que será la principal riqueza del Chile del siglo XXI.

Educarnos bien es para nosotros una necesidad práctica, y la conquista del derecho a la educación significa también conseguir más adelante otros derechos sociales, a la salud y al control social de bienes estratégicos, como los recursos naturales y la energía. Hay que democratizar colegios y universidades; con más democracia podremos construir más ciudadanía. Con este gobierno y este sistema político va a ser difícil satisfacer nuestras demandas, pero entendemos este proyecto en una dimensión de proceso. En ese marco tenemos que construir las fuerzas que sigan dando estas luchas en el futuro.

Cualquier salida institucional supone un acuerdo entre el gobierno y el Congreso.

Muchos de los acuerdos del gobierno con el movimiento por la educación tienen que traducirse en proyectos de ley a corto plazo.

El Congreso Nacional, integrado por Concertación y derecha, tendrá que congelar los proyectos que está tramitando actualmente y legislar lo que el pueblo pide. Desde la ciudadanía surge una demanda de plebiscito convocado por iniciativa popular, que requiere para materializarse un cambio constitucional, para que sea una herramienta vinculante, regulada y financiada por el Estado para resolver los disensos existentes. Cualquier plebiscito sobre materias de interés nacional debe elaborarse en conjunto con los actores sociales involucrados; en este caso con estudiantes, profesores, trabajadores de la educación, padres y apoderados.

El lucro es uno de los puntos fundamentales de la propuesta estudiantil.

Estamos por erradicarlo de la totalidad del sistema educacional chileno; porque cuando hay lucro, la educación pasa a ser un objetivo secundario y predomina siempre la expectativa de ganancia del propietario. La gran dificultad para discutir este tema es la colusión entre empresarios de la educación y políticos. Tanto la derecha como la Concertación tienen sostenedores de colegios privados y muchas de sus figuras participan en directorios de universidades privadas. Si se cierran colegios o universidades para erradicar el lucro, entonces el Estado tendrá que ampliar las matrículas de sus instituciones de educación superior.

¿Basta con aumentar los recursos para resolver el problema?

Este problema no se puede resolver solo con plata. Se necesita un cambio de orientación del sistema de educación superior, en la línea de reconstruir la hegemonía pública. No queremos volver a la educación superior de los años 60, que está lejos de los desafíos de la sociedad actual, ni menos queremos la actual universidad-empresa, que es fuente de grandes desigualdades y aleja a la universidad de la gestión del conocimiento.

Queremos verdaderas universidades públicas y centros de formación técnica estatales que se orienten hacia el bien común, dotados de recursos para investigación y para construir conocimiento con libertad. Tenemos que aprovechar el potencial creativo de nuestros estudiantes y producir la integración social.

¿Qué financiamiento plantean para este nuevo modelo de educación pública?

La educación puede disminuir la desigualdad; porque en el futuro, el conocimiento será la fuente principal de acceso a posiciones de privilegio y la inclusión social dará mayor valor a nuestra fuerza de trabajo.

El financiamiento a los colegios públicos de educación básica y media debe ser basal y no meramente por asistencia a clases o desempeño. El sistema escolar debiera convertirse en un espacio para interrumpir la desigualdad; en donde se encuentren jóvenes de distintos sectores sociales y aprendan a relacionarse y respetarse. En nuestra sociedad un joven de Las Condes y otro de La Pintana no se entienden.

Para construir un sistema público en educación superior también se necesita un esquema de financiamiento basal directo a las instituciones públicas y financiamiento a las instituciones privadas que colaboran con la misión del Estado sin competir con él. Estos recursos deben ir a investigación y al financiamiento de programas docentes de extensión que nos vinculen con la sociedad.

¿Qué pasa con las universidades privadas a las que acceden sectores medios o bajos, obligados a endeudarse y a recibir una educación de nivel inferior a la que imparten las instituciones tradicionales?

Los estudiantes de instituciones privadas han jugado un rol fundamental en estas movilizaciones, que la CONFECH no ha sabido reconocer porque ha actuado con mucho corporativismo. Está más interesada en defender a sus instituciones que a la educación en general. La presencia de las universidades privadas le ha dado masividad y diversidad a este movimiento. Si a las marchas asisten en Santiago entre 150 mil o 200 mil personas es porque se han sumado estudiantes de centros de formación técnica, institutos profesionales y de universidades privadas, que están levantando nuevos centros y federaciones estudiantiles.

El sistema privado, en que estudian siete de cada diez estudiantes, está cambiando la fisonomía del Chile del futuro. Por ahí acceden a la educación superior las capas medias-bajas y sectores populares, constituyendo muchas veces la primera generación de su familia que recibe educación superior.

Algunos dirigentes hemos dado una lucha para incorporar a las federaciones estudiantiles de universidades privadas a la CONFECH. La primera en integrarse fue la Federación de Estudiantes de la Universidad Central, que para constituirse dio una batalla notable contra el lucro y empresarios democratacristianos. De esta manera estamos avanzando para tener una sola gran organización estudiantil en la educación superior. Las demandas de los estudiantes de instituciones privadas de educación superior no han chocado con las nuestras. Los estudiantes de universidades privadas no quieren más lucro ni privatización. Quieren que sus instituciones también se orienten por los valores de la educación pública.

¿Cómo pueden insertarse las universidades privadas en este modelo de educación pública?

Con un mayor control por parte del Estado para regular los aranceles que tienen; por el conocimiento que producen; estimulando la existencia de centros y federaciones estudiantiles, la creación de centros de académicos y sindicatos de trabajadores. De los 250 mil estudiantes que tienen crédito con aval del Estado, el 70% pertenece a la educación privada superior y con ellos estamos dando la lucha para terminarlo.

Cristián Pizarro

Liceos técnico-profesionales: «carne de perro» de la educación*

Cristián Pizarro Gómez (19), vocero de los estudiantes técnico-profesionales (T-P). En 2012 fue candidato a concejal en 2012, participó en 2013 en el Comando del precandidato presidencial José Antonio Gómez y luego adhirió a la candidatura presidencial de Michelle Bachelet.

Quienes estudian en los liceos y colegios técnico-profesionales constituyen el 38% del alumnado de la educación secundaria chilena, alrededor de 300 mil estudiantes. El 85% de los matriculados pertenecen a familias clasificadas en los tres quintiles de menores ingresos. El 74% de los egresados de este sector gana menos de 300 mil pesos al mes y apenas el 25% trabaja en lo que estudió. Ellos son la mano de obra barata que provee fuerza de trabajo para las actividades productivas de exportación de materias primas que no requiere calificación o para servicios menores. Todos se sienten estafados por un sistema público municipal sin recursos, y un sector particular subvencionado administrado por corporaciones «sin fines de lucro» vinculadas, en muchos casos, a entidades empresariales como la Sociedad de Fomento Fabril (Sofofa), Cámara de Comercio o Cámara Chilena de la Construcción.[2]

---

*   Publicado en *Punto Final*, edición no. 743, 30 de septiembre, 2011.
2   Organizaciones empresariales chilenas.

Los estudiantes técnico profesionales se organizaron porque no sentían representadas sus demandas dentro de la propuesta inicial de los secundarios. Crearon así la Asamblea Técnica Profesional, en que participan estudiantes de colegios de la Región Metropolitana, y que está afiliada a la CONES.

«Nuestro destino nos lleva a trabajar de temporeros, a repartir café, hacer hamburguesas o repartir pizzas», dice Cristián Pizarro. «Chile copió la educación dual (estudio y trabajo) de Alemania y la implementó de mala manera. El promedio de los estudiantes técnico-profesionales en práctica hoy, recibe un "sueldo" que alcanza a 27 mil pesos mensuales, que con suerte sirve para pagar el pasaje en el transporte público; sin considerar que además somos usados por las empresas como rompehuelgas cuando hay conflictos laborales. Queremos un cambio en la base de la educación técnico-profesional (T-P), para que los estudiantes puedan insertarse en el trabajo de manera acorde con las necesidades productivas y de servicios. Por ejemplo, en Chile se necesitan técnicos para implementar sistemas de ahorro de energía y fuentes renovables no contaminantes».

¿Qué pasa con la infraestructura e implementación?

Los liceos T-P, en manos de las municipalidades, poseen mejor infraestructura e implementación técnica que las corporaciones privadas receptoras de subvenciones del Estado, que simplemente buscan lucrar con la enseñanza y echar plata a sus bolsillos. Compañeras nuestras que estudian secretariado en algunos de esos colegios aprenden usando máquinas de escribir. ¿Habrá alguna empresa en Chile que use todavía máquinas de escribir?

¿Cuáles son sus propuestas para mejorar la educación?

Necesitamos un cambio constitucional, con participación de toda la ciudadanía, para imponer las demandas que pide la sociedad.

Queremos que los empresarios vean a Chile como un país que necesita para su desarrollo trabajadores especializados. Este país puede crecer mucho si industrializamos sus recursos naturales. Si no hay buenos técnicos, nos veremos obligados a contratar empresas extranjeras para que vengan a explotar recursos que tenemos en abundancia.

¿Creen que los temas de ustedes están en el debate sobre educación superior?
No nos hemos sentido presentes en ese debate. Pero estamos conversando con la CONFECH, a través de nuestros compañeros de la UTEM y la Universidad Técnica Federico Santa María (UTFSM), para encontrar fórmulas que faciliten la prosecución de estudios de los egresados de la educación técnico-profesional.

Necesitamos una prueba de ingreso especial adecuada a la formación que recibimos. La PSU es para nosotros una burla, con lo que aprendemos solo podemos aspirar a 400 o 450 puntos. El sistema no nos sirve para trabajar ni para seguir en la educación superior. Aspiramos a que los centros de formación técnica (CFT) e institutos profesionales (IP) vuelvan al Estado.

¿Cuáles son los puntos fundamentales de vuestra propuesta?
Acceso a la educación superior como continuación de nuestros estudios en la educación media y un propedéutico que nos permita derivar hacia una especialización pertinente con el sistema productivo. Proliferan especialidades y carreras técnicas que luego no tienen inserción laboral.

También pedimos el pago de una remuneración justa para los alumnos que trabajan. Hay jóvenes que laboran hasta 12 horas diarias y niñas de 16 o 17 años obligadas a trabajar con minifalda o en otras condiciones poco dignas. Los estudiantes se frustran, porque no pensaban estar detrás de un escritorio o sirviendo café todo el día, con un trato de perros y un sueldo de 27 mil pesos mensuales, sin derecho a afiliarse a sindicatos.

¿Han establecido vínculos con organizaciones sindicales sobre estos puntos?

Hemos conversado con las centrales sindicales y también queremos conversar con los empresarios. En 1998 el Ministerio de Educación les preguntó a algunos de estos empresarios cuáles eran las ventajas de tener un estudiante en práctica y respondieron que era contar con un trabajador no remunerado.

El presidente de la República ha dicho que la gratuidad de la educación terminará financiando a estudiantes ricos.

La educación es un derecho. Lo dicen todos los organismos internacionales. En los países desarrollados la educación es gratuita y de igual calidad para los pobres, la clase media y los ricos. El problema de la desigualdad en el acceso a las universidades se genera desde cuando los estudiantes de los sectores más pobres no tienen condiciones igualitarias para llegar a la educación superior. En 1973 quemaban libros, ahora nos quitan horas de clases de historia y nos mienten sobre la historia de Chile. Con este sistema de educación de mala calidad el rico se hace más rico y el pobre más pobre.

¿Ustedes ven conectada su lucha social a otras luchas políticas?

Nos sentimos cada vez más comprometidos con crear conciencia social y cambiar las prácticas políticas, para responder a las luchas que demanda el momento. Estamos fuera de los partidos, pero con una lucha que ha nacido desde nuestra propia existencia y desde nuestra identificación con las clases populares.

Hasta ahora no se ha acercado ningún partido a ayudarnos a fortalecer el movimiento y los que han actuado a través de la CONES, como el Comunista o la Concertación, han tenido actuaciones lamentables, proponiendo pisos mínimos que no nos llevan a una educación gratuita y de calidad. Los partidos interfieren, pero nosotros no vamos a vender este movimiento a cambio de migajas.

Para cambiar un sistema que corrompe la conciencia de la juventud con programas como Yingo o Calle 7, tenemos que leer y debatir sobre los problemas del país, para conocer cómo es el sistema actual y cómo se nos mete el dedo en la boca sin que nos demos cuenta.

¿Cómo debiera expresarse este movimiento en la política, en un mediano o largo plazo?

Nos dimos cuenta que para cambiar las bases de la educación hay que cambiar el modelo económico en su conjunto. Hay que terminar con el sistema y elegir parlamentarios que representen realmente lo que piensa y siente la gente.

¿Cómo ven la posibilidad de construir una fuerza política en el futuro?

Tendría que ser una fuerza política nueva, originada en los movimientos sociales y que no venda sus convicciones. Esa organización debe enseñar a las personas para que tengan conciencia de lo que está sucediendo en educación, en salud o en sus condiciones laborales. Esta fuerza no solo abrirá espacio a los jóvenes, sino también a personas de cualquier edad que quieran cambiar el sistema político, social y económico que nos rige.

Erick Coñomán y David Urrea
El proletariado universitario:
nada que perder y mucho que ganar*

Erick Coñomán Garay, presidente de la Federación de Estudiantes de la Universidad Tecnológica Metropolitana de Santiago (UTEM) y David Urrea Vásquez, presidente de la Federación de Estudiantes de la Universidad Arturo Prat de Iquique, comparten la experiencia de haber vivido su infancia y juventud en una población popular. Ambos tuvieron que trabajar antes de ingresar a la educación superior. Son alumnos de universidades públicas pauperizadas y son los primeros en sus familias en llegar a la universidad.

David Urrea Vásquez (26), de trabajo social, preside la Federación de Estudiantes de la Universidad Arturo Prat de Iquique. Inició su participación social en un grupo en el que confluyeron jóvenes anarquistas y marxistas, punk, «hiphoperos» y feministas, que ocupaban en Iquique la casa El Grifo. Luego se integró a la Inter-Sindical de Trabajadores, inspirada en los valores que orientaron los primeros movimientos sindicales pampinos. Este movimiento de trabajadores tiene lazos en Arica, Iquique y Antofagasta y trabaja por dar vida a un proyecto político de orientación socialista. Urrea está inscrito en los registros electorales.

Erick Coñomán Garay estudia trabajo social y preside la Federación de Estudiantes de la UTEM. Es poblador de La Palmilla, en la comuna de Conchalí. Participa en los campeonatos de baby fút-

---

* Publicado en *Punto Final*, edición no. 745, 28 de octubre, 2011.

bol en el centro cultural La Escoba. Jugó fútbol en Colo Colo, Universidad de Chile y Magallanes e ingresó a la universidad como deportista destacado. En la UTEM militó en el Frente Patriótico Manuel Rodríguez y estuvo en la organización del sindicato a los empaquetadores supermercado Tottus.

Actúan con una visión nacional sobre el derecho de los chilenos y chilenas a educación pública gratuita y de calidad. Sus rostros muestran el desgaste de cinco meses de madrugadas frías, trasnochadas, tomas de locales, movilizaciones callejeras y asambleas.

Trabajan de manera incansable para representar con altiva dignidad a su generación y a sus padres, que no pueden rebelarse obligados como están a trabajar cabeza gacha en extenuantes jornadas pagadas con salarios de miseria.

Algo más que educación

Erick Coñomán dice: «Estamos luchando por la rabia contenida que produce la segregación. Por la forma como se gobierna y por la "invisibilización" de nuestras demandas y necesidades por la clase política. Somos críticos de cómo se ejerce la democracia, de cómo se distribuye la riqueza y de cómo se ignoran los derechos de una población estigmatizada, sobreexplotada y excluida no solo de la educación, sino también de la salud, la vivienda, el trabajo y los derechos humanos básicos. Yo duermo en un sillón porque no hay más espacio en mi casa. Carencias cotidianas como la mía están presentes en los estudiantes, e influyen en la disposición de ánimo de nuestros compañeros; queremos realizar estos cambios ahora, porque nadie lo hará por nosotros».

Para David Urrea, radicalizar el movimiento significa más comunicación, más despliegue estratégico dentro de las universidades y más organización para llegar a otros sectores sociales. «Todos estamos de acuerdo en hacer alianzas estratégicas con pobladores y trabajadores. Si se hubieran unido antes a esta lucha, ya la habríamos ganado. Ahora estamos intentando generar ese espacio con los portuarios, con los pescadores del sur, con los mineros del norte y con los pobladores en todo el país».

Erick Coñomán apela a aquellos que por acceder a ciertos bienes de consumo se endeudan con un crédito hipotecario a treinta o cuarenta años, lo que constituye una moderna forma de esclavitud. «Para tener un aparato de televisión o un computador conectado a Internet, nuestros padres tienen que pagar cuotas mensuales de 30 o 40 mil pesos», dice. Según David Urrea el endeudamiento crea un estilo de vida falso, «en que estás siempre intentando copiar lo que hace el más rico. Si el rico tiene celular, tú quieres uno; si tiene auto rojo, tú quieres un auto rojo. El sistema crea necesidades que en realidad no existen y luego el trabajador tiene miedo de perder lo poco que posee, a ser aún más pobre y verse marginado del sistema de consumo».

Según el dirigente, «el movimiento estudiantil es la grieta en este muro para demostrar a nuestros padres que sí se pueden realizar cambios y por eso nos estamos jugando el todo por el todo en este movimiento. Si fracasamos, va a fracasar también el movimiento popular y nuestras familias».

Los estudiantes y la política

Ambos dirigentes estudiantiles saben que solo pueden ganar con el apoyo de otros sectores sociales y que para alcanzar las metas que persiguen, tendrán que luchar a largo plazo. Según David Urrea, los estudiantes están demandando un cambio total del sistema económico y social. «Por eso nos vinculamos con los intelectuales y pedimos a los trabajadores que marchen con nosotros. Estamos con los profesores y nos reunimos con los pobladores en asambleas ciudadanas; queremos una democracia más directa y participativa. No confiamos en la Concertación ni en la derecha. Si nuestras demandas llegan al Congreso, sospechamos que serán desvirtuadas mediante un montaje ideológico y publicitario. Los jóvenes nos interesamos en la política, porque no nos gusta cómo se hace».

Erick Coñomán dice que están cambiando la forma de ejercer la democracia dentro del movimiento estudiantil. «Somos portavoces de nuestros compañeros y asumimos nuestras responsabilidades sin protagonismo personal. Me atrevo a pronosticar un gran cambio en la forma en que se va a ejercer la política. Los de nuestra generación entienden que lo político y lo social deben combinarse».

UTEM: laboratorio del autofinanciamiento neoliberal

La UTEM recibe estudiantes de sectores populares, que no tienen redes sociales de influencia. Esa realidad la ha convertido en un laboratorio para experimentar con el autofinanciamiento neoliberal. El resultado es una catástrofe financiera en su administración y cero regulación del Estado.

Se crearon sociedades comerciales para autofinanciarla y carreras que no cumplían con mínimos estándares de calidad ni se vinculaban con las necesidades laborales del país. Este mecanismo de financiamiento fue copiado en mayor o menor medida por todas las universidades estatales.

Gracias a esa política, la UTEM solo recibe 5% de aporte estatal y el resto se origina en el autofinanciamiento y el aporte de los alumnos. El 97% estudia con crédito fiscal. Los estudiantes provienen en más de 90% de sectores como Lo Hermida, La Palmilla, San Gregorio o La Pintana, y pertenecen a los tres quintiles de ingresos más bajos del país. En su mayoría son la primera generación en su familia que llega a la educación superior.

Universidad Arturo Prat: las pellejerías en regiones

La Universidad Arturo Prat de Iquique tiene una matrícula de 3 mil estudiantes de todas las ciudades del Norte Grande. Como consecuencia de malas administraciones, mantiene un déficit de 11 mil 500 millones de pesos, que hace particularmente difícil su situación. Luego de alcanzar una matrícula de 7 mil alumnos en su mejor momento, perdió recursos de financiamiento, infraestructura y prestigio. Actualmente recibe un aporte fiscal cercano al 14%, equivalente a cerca del 2% que recibe la Universidad de Chile. Al respecto, David Urrea puntualiza que «todos los beneficios que hemos conseguido han sido el fruto de nuestra movilización, desde una beca de almuerzo hasta el financiamiento del jardín infantil para nuestros niños».

Este aporte público no ha sido suficiente para suplir las necesidades que tienen los alumnos de la Universidad Arturo Prat, provenientes en su mayoría de sectores populares. Pese a que los aranceles están entre los más bajos de las universidades del Norte, todavía son muy altos para estudiantes que pertenecen a los tres quintiles de ingresos más bajos de la población.

Urrea dice que «el alumno promedio de la Universidad de Chile no tiene la misma problemática de un joven poblador. Viene de una familia que le asegura al menos alimentación y que posee un computador conectado a Internet en su casa». David Urrea recuerda que además del aporte directo, las universidades tradicionales se benefician también del aporte fiscal indirecto, asociado con el ingreso de los mejores puntajes de la PSU, que corresponden a jóvenes de buenos colegios que pueden entrar fácilmente a una buena universidad.

«Las universidades pobres tienen gran cantidad de profesores contratados por horas para ramos que forman parte de la columna vertebral de las carreras. Con ellos no existe una relación estudiante-académico que sirva a los alumnos para su desarrollo profesional», concluye.

Guillermo Petersen

Para ganar necesitamos a los trabajadores*

Guillermo Petersen Núñez (21), presidente de la Federación de Estudiantes de la Universidad de Concepción (FEC), estudiante de Sociología. Residente en la comuna de Chiguayante, se inició como vocero estudiantil de la Universidad de Concepción en la movilización por el congelamiento de aranceles y rebaja de matrículas. Mientras estuvo en la universidad perteneció al colectivo Para Todos Todo. Ya egresado, en 2013 participó como de manera remunerada en el comando de la candidatura presidencial de Michelle Bachelet.

¿En qué punto se encuentra el movimiento estudiantil?

Es necesario entender la movilización estudiantil como un proceso complejo y extremadamente dinámico. Se han logrado instalar ejes programáticos importantes, que han sido un ataque directo a las matrices del sistema capitalista. Se han criticado y puesto en jaque elementos fundamentales de la estructura de este sistema de dominación. El movimiento estudiantil se enmarca en un proceso de descontento social generalizado, en donde las condiciones de precariedad han sido muy difíciles de esconder. Los procesos de organización popular deben ser rápidamente desarticulados, ya que pueden ser un elemento catalizador del descontento social.

---

* Publicado en *Punto Final*, edición no. 745, 28 de octubre, 2011.

Vemos una parte de la «clase política» —que se autodenomina de izquierda y centroizquierda— que es incapaz de dar solución al conflicto satisfaciendo los intereses y anhelos de un pueblo movilizado. Pero no por su incapacidad política, sino principalmente porque ellos son parte de este sistema de dominación social. Una clase política que no puede ir más allá de críticas pactadas con anterioridad con quienes detentan el poder económico.

La «clase política» no solo debe mantener el orden social y el sistema de dominación. También debe impedir la articulación de un movimiento social o popular que ponga en jaque su sistema. No puede validar la metodología de la movilización como solución de los conflictos, ni menos permitir que la organización sea el medio de construcción de la sociedad. Es por esto que no puede entregarle un triunfo a un movimiento que no esté enmarcado en la institucionalidad vigente, que valide los poderes del Estado y los medios tradicionales y burocráticos de solución de conflictos.

¿Cuáles son los logros mayores conseguidos hasta ahora?

Creo que el mayor logro obtenido por el movimiento estudiantil pasa por elementos subjetivos y en el campo de construcción social y popular. Debemos estar orgullosos de cómo hemos avanzado en la construcción de movimiento. Hemos puesto en jaque la institucionalidad tradicional demostrando su incapacidad para satisfacer los intereses populares y solucionar los conflictos sociales. Hemos puesto nervioso al gran empresariado, traspasándose incluso este miedo a los poderes internacionales, que se ven obligados a intervenir en el proceso de movilización. Hemos demostrado que la política tradicional y sus partidos políticos son incapaces de representar los intereses del pueblo. Hemos puesto sobre la mesa demandas transversales que pueden dar pie a grandes movilizaciones sociales, como el lucro y la crisis de la democracia vigente. Por sobre todo, instalamos la necesidad de recuperar los derechos sociales que han sido usurpados: educación, salud, vivienda y trabajo.

¿Y cuáles son las mayores dificultades y tropiezos?

La mayor dificultad radica en una contraparte blindada y poderosa en contraposición a un campo popular que recién se articula; una clase social que controla los medios de comunicación e instrumentos de dominación y represión.

¿Qué alternativas tiene el movimiento estudiantil para alcanzar sus objetivos?

El objetivo fijado no podemos lograrlo aisladamente, ni menos solo como estudiantes. Necesitamos apoyo de los trabajadores, principalmente de los sectores estratégicos de la producción y exportación; necesitamos no solo del sector público, sino también de los trabajadores del cobre, forestales y portuarios. El objetivo es grande y ambicioso y por lo tanto necesita de arduo trabajo. Como estudiantes hemos sentado las bases de una articulación crítica a lo establecido. Pero no podemos solos, necesitamos de nuestros padres. Esto también es complicado debido a la poca o nula articulación política de esos sectores de la sociedad.

¿Hay identidad de propósitos entre la oposición parlamentaria y el movimiento estudiantil?

Vemos que la gran masa de estudiantes y la sociedad movilizada no se sienten representadas por las personas sentadas en el Parlamento. Se ha abierto una crítica profunda a esta institucionalidad y falsa democracia; a pesar que esos partidos tradicionales intentarán cooptar a las masas, estas ya no podrán ser totalmente engañadas ni menos acalladas.

¿Coincide con la afirmación de que la protesta social ha operado una verdadera revolución democrática en la conciencia del pueblo chileno?

En realidad la concientización ha alcanzado niveles nunca vistos, desde que la dictadura aniquilara las alternativas políticas de izquierda. La gente logró comprender que la institucionalidad chilena sufre una crisis de legitimidad. Sin embargo, aún no existe un proyecto alternativo, concreto, desde la izquierda no institucional, que logre posicionarse y tener asidero real en la población. Más bien hay un conglomerado de posturas representadas por diferentes organizaciones, las cuales no han logrado articularse para una alternativa política real. La influencia que pudiera ejercer esta «izquierda no tradicional», es hasta ahora marginal, en el sentido que aún no presenta un proyecto común.

¿Qué condiciones se requerirían para que de la protesta social surja una alternativa político-social?

Este año ha surgido una semilla de organización alternativa a la institucionalidad. En ese contexto, también surgió una cierta solidaridad entre los distintos sectores que comienzan a buscar una forma de articularse y proyectarse al futuro. Los estudiantes tienen conciencia de que es necesario articular una propuesta alternativa que nazca desde las bases. Es importante mantener un soporte social para enfrentar los futuros conflictos. Que la gran convocatoria que hemos tenido este año no quede en un simple recuerdo de juventud, sino que pueda convertirse en un movimiento real, con un proyecto político definido, que logre articular a los distintos sectores sociales para romper con el modelo económico que sigue castigando a la sociedad chilena.

Gabriel Iturra

Representamos una alternativa*

Gabriel Iturra Castillo (19), exvocero de la ACES y expresidente del Centro de Alumnos del Liceo Miguel Luis Amunategui de Santiago, fue uno de los artífices de la refundación del movimiento estudiantil secundario y uno de los inspiradores de la ACES. Opina que Chile todavía no es una democracia plena, que existe miedo inconsciente a la dictadura, que inmoviliza a las generaciones anteriores a la suya, y afirma que el movimiento por la educación es solo una de las expresiones del descontento de la sociedad por la profunda desigualdad que separa a la minoría rica de la inmensa mayoría, que vive en la pobreza o al filo de esta.

Viajó a Europa, en una gira para explicar ante Unesco y la Comisión de Derechos Humanos de Naciones Unidas, el Parlamento Europeo y diversas entidades en Francia, Bélgica y Suiza los motivos que impulsaron el movimiento estudiantil en 2011.

¿Hay una crisis institucional?

Hay una crisis de la clase política, de los partidos tradicionales y de la institucionalidad. Cada vez los jóvenes votan menos en las elecciones, pero la paradoja está en que ahora participan más. Se nos acusó de «no estar ni ahí», pero el movimiento de los estudiantes dejó de manifiesto que los jóvenes sí tenemos mucho que decir.

---

* Publicado en *Punto Final*, edición no. 746, 11 de noviembre, 2011.

El gobierno también parece tener dos caras.

Todos nos damos cuenta del populismo de Piñera cuando dice que nuestras demandas son justas y sabemos que la verdadera opinión del gobierno aparece cuando sus ministros nos tachan de «ultras». Representamos una nueva alternativa de izquierda, no añeja ni basada en el modelo de la ex URSS. Se busca generar cambios por la vía del poder popular y la toma de decisiones en asamblea, que marquen otra forma de hacer política. También miramos con buenos ojos el surgimiento de opciones unitarias de la izquierda, que comiencen a ganar espacio en los municipios, en las alcaldías o el Congreso; pero sabemos que en Chile domina la derecha y seguimos siendo una dependencia del imperio norteamericano.

Nuestra alternativa de construcción política no va por el camino de los partidos tradicionales ni por la vía electoral. Creemos en una democracia que se practique en la base y bajo la forma de un poder popular. En el modelo actual de democracia, votar cada cuatro años es la única forma de participación y los jóvenes no nos sentimos parte de ese sistema. La responsabilidad no es solo de los partidos, sino también del marco institucional en que se hace la política. Me refiero a la Constitución de Pinochet y a un sistema electoral binominal, en que los grupos políticos más pequeños no alcanzan representación, porque los peces grandes se comen a los chicos.

Nosotros no jugamos en este «tongo». En las actuales condiciones, es ridículo ir a elecciones porque no cambiará nada y seguirán en el poder los mismos. Aquel que consiga más plata será presidente, senador, diputado o alcalde.

Toma fuerza entre nosotros la idea de crear una nueva organización, más participativa; que retome distintas matrices históricas de la izquierda, como son las de Recabarren, Salvador Allende o Miguel Enríquez, por nombrar algunas figuras. Somos una generación con memoria, estrechamente ligada con el proceso de la Unidad Popular y con la lucha que se dio dentro y fuera de Chile durante la dictadura.

¿Es prioritaria una nueva Constitución?

El plebiscito no es buena solución, porque no es vinculante y deja fuera a los estudiantes secundarios, que son menores de edad. Una nueva Constitución debe ser resultado de un proceso de acumulación de fuerzas y de toma de conciencia colectiva.

Existe un vínculo natural entre el movimiento por la educación y el conjunto de la sociedad chilena, que se expresa en el 80% de apoyo que hay en la ciudadanía. Las movilizaciones partieron en 2011 con demandas medioambientales y después siguieron con la educación; pero se está abriendo paso una fuerza social mucho más amplia, en la que se expresan profesores, sindicatos, ecologistas, trabajadores del cobre, empleados públicos, indígenas, consumidores, pobladores, mujeres o activistas por la diversidad sexual.

Se dice que esta es la rebelión de la clase media pero no creo que lo sea. En Chile solamente hay pobres y ricos. Entre esos pobres hay personas que pudieron acceder a una carrera técnica o universitaria, que les permitió obtener algunos recursos; pero esas personas siguen siendo explotadas, están endeudadas con cuantiosos créditos y pagan dividendos que superan con creces sus ingresos.

Estos diferentes grupos de «indignados» están pasando de la indignación a la organización y después de eso, a la acción. El desafío es lograr que ese 80% que está de acuerdo con las movilizaciones vaya más allá de decir lo que piensa a través de una encuesta telefónica y que marche junto a nosotros. Los estudiantes solos no podemos resolver todos los problemas; necesitamos que los trabajadores, los pobladores, nuestros padres y madres, se movilicen con nosotros; no solo por la educación, también por vivienda y salud o por un salario digno.

Se critica que las demandas estudiantiles son ilusorias. ¿Qué responde?

La ACES ha elaborado con especialistas una propuesta que entrega con precisión y claridad el detalle de las soluciones a los problemas planteados. En cincuenta páginas explicamos de dónde saldrá la plata para financiar la reforma y también cómo gastaremos esa plata para dar vida a un sistema nacional de educación estatal articulado, desde la educación de párvulos hasta la universitaria.

¿Qué opina de la educación subvencionada?

En una primera fase proponemos reemplazar la educación municipal por un sistema nacional de educación estatal, al que el Ministerio de Educación entregue, mediante aportes basales, el doble o el triple de los recursos que ahora destina a cada alumno. En la siguiente etapa planteamos que los cinco mil colegios particulares subvencionados que no cumplan con los estándares mínimos del MINEDUC pasen al control del Estado y, en un plazo más largo, aspiramos a homologar los estándares de la educación particular y pública, mediante un mayor aporte de recursos, control comunitario, participación de los profesores y una reforma pedagógica que permita a los colegios estatales ofrecer igual o mejor educación que los particulares.

¿Qué camino le queda al movimiento por la educación?

Derecha y Concertación no están a la altura de lo que el pueblo quiere. Ya no es posible otro abrazo como el que selló el acuerdo de 2006. Llevamos seis meses de paro y no creo que los políticos profesionales quieran bajar más en las encuestas. Si no acceden ahora, seguirán alimentando un reventón social gigante; porque detrás de los estudiantes están sus familias. Si no hay respuestas, el conflicto se extenderá y será cada vez más radicalizado. ¿Se habrán puesto a pensar qué pasará cuando la actual generación secundaria llegue a la universidad?

¿Y qué pasa con los intelectuales?

Creo que a los intelectuales de todo el mundo les hace falta bajar más a las bases y estar donde las papas queman. No se pueden hacer análisis político sentado en un sillón. En América Latina y en Europa existe una reacción ante el fracaso del modelo económico, político y cultural que es el neoliberalismo. Vemos cómo las potencias mundiales están cayendo y los movimientos sociales levantan su voz, de acuerdo a sus particulares realidades. La sociedad actual debe cambiar porque es muy injusta, ya que muchos tienen poco y pocos tienen demasiado. Cada vez se hace más evidente que lo que nos sucede está relacionado con lo que ocurre en Latinoamérica y en el mundo.

Nataly Espinoza

La política está secuestrada*

Nataly Espinoza Salomón (25), presidenta de la Federación de Estudiantes de la Universidad Católica de Valparaíso, es egresada de la carrera de Ingeniería Civil Informática y milita en el colectivo Izquierda Autónoma.

¿Ha sido difícil ser presidenta de una federación de estudiantes?

Yo estudié una carrera en la que el 10% somos mujeres y es difícil superar el prejuicio machista, presente en todos los lugares en que predominan los hombres. Mi convicción, sin embargo, es que estamos sometidos a un sistema que oprime por igual a mujeres y a hombres.

¿Qué es la política para usted?

Veo la política en función de su utilidad para gobernar el país de una manera que represente realmente a la mayoría. La política chilena ha estado secuestrada durante mucho tiempo por un pequeño grupo de personas de la Concertación y la derecha, coludidos con el gran empresariado en un proyecto político casi idéntico. Este grupito ha terminado tomando las decisiones entre cuatro paredes y sin real representatividad. La gran mayoría de las personas hemos estado fuera de ese espacio y nos sentimos ajenos a esa «clase política».

---

*   Publicado en *Punto Final*, edición no. 747, 25 de noviembre, 2011.

¿Cómo concibe la relación entre política y poder?

En la dictadura se produjo un divorcio entre lo político y lo social, que fue alejando a los políticos de la sociedad. Hacer política sin tomar en cuenta lo social es errado; porque lo social debe tener una vinculación con el poder, que es un medio para hacer los cambios que se necesitan en defensa de los derechos de los más desvalidos, que son los más afectados por el sistema económico-social que impera en nuestro país. A esa disputa por el poder debemos entrar todos los afectados, para asumir una conducción colectiva en la que los dirigentes actúen en conjunto con la sociedad.

¿Tiene pensado seguir actuando en política?

La política es una parte natural de mi vida y pretendo contribuir en el futuro desde otros espacios sociales al proyecto colectivo en el que creo. Una de las cosas buenas que han ocurrido con este movimiento por la educación es precisamente la convicción de que solo en conjunto podremos conseguir los cambios que queremos forjar en la sociedad.

Hemos aprendido que las profesiones no deben ser vistas desde una perspectiva personalista. Yo no vengo a la universidad a estudiar para conseguir un título y salir a ganar plata. Estudié para contribuir a un proyecto de país desde mi profesión, desde mi ser político y social.

¿Es posible conciliar esa clase de democracia con la eficiencia?

Hoy Chile tiene toda una maquinaria social que funciona en pos de este modelo económico, pero que no sirve para el desarrollo humano. No permite, por ejemplo, que la educación o la salud aporten a la concreción de un proyecto país.

Para quienes están sentados en un sillón parlamentario o en el gobierno, la democracia es ir a una elección cada cuatro años. Para nosotros, tiene que haber participación constante y real de la ciudadanía en los distintos espacios y proyectos políticos de Estado que se van gestando. Nuestra movilización no solo cuestiona el sistema educacional, sino también el sistema político y el modo como se niegan soluciones a otras demandas de la población.

Este sistema político, forjado por Pinochet, no representa una alternativa real para la mayoría. Las demandas de la izquierda el pueblo no las siente de izquierda, porque desde 1990 en adelante el PC y otras organizaciones no supieron responder con soluciones y se quedaron estancados en los discursos o en la estética de algunos íconos. La derecha terminó robándose esos íconos y así vemos cómo utilizó la imagen de Violeta Parra y Los Jaivas para conmemorar el Bicentenario.

Ante una izquierda fraccionada, los jóvenes llevamos la batuta. El nuevo proyecto debe construir tejido social, compartir ideas y prácticas comunes. Nos hace falta conversar y levantar una estrategia propia para incidir en las decisiones.

¿Cómo ve en el futuro esta relación con la ciudadanía?

Hemos puesto el tema de la educación como primer punto de la agenda y tenemos en jaque al sistema social y político. Hemos logrado que la ciudanía converse discuta propuestas políticas reales y esté pendiente de saber qué pasa con el presupuesto de la nación y que converse en la sobremesa sobre educación. Esta mayor conciencia ha permitido rescatar la política de ese espacio de elite en el que solo los «iluminados» podían influir. La gente está sintiendo que es necesario sacar del Congreso y del gobierno las decisiones que representan a la mayoría. Esa es una de las cosas buenas que hemos logrado y que se seguirá fortaleciendo.

¿Sería candidata a un cargo de elección popular?

Estoy dispuesta a contribuir a un proyecto político que se levante desde abajo y hacia la izquierda. Somos la generación que no teme a la confrontación y no tiene pelos en la lengua para decir que las cosas están mal, y que los poderosos se llenan los bolsillos con las decisiones que toman en su propio beneficio con plata de todos los chilenos.

¿Este cuestionamiento a los políticos podrá extenderse también a la cúpula sindical?

Nuestro cuestionamiento no es a todos los políticos o sindicalistas. Es a los grupitos que se reparten los puestos entre ellos y que han tenido secuestrada a la política y al movimiento sindical. También sucede en las universidades y por eso, estamos pidiendo mayor participación dentro de los centros de estudio. De los más de mil profesores de la UCV, solo 400 toman las decisiones y terminan replicando una democracia falsa. Eso mismo se puede extrapolar a Chile. La consigna es transformar los espacios en los que estamos insertos, para que en conjunto creemos una nueva sociedad y un país más igualitario.

El gobierno y los grandes medios tienden a identificar al movimiento estudiantil con encapuchados, desórdenes o enfrentamientos.

Los medios de comunicación le hacen la pega al gobierno, tratando de asociar la protesta social con la delincuencia. Nuestra radicalidad pasa por la amplitud de nuestras demandas y por el apoyo que encuentran en la población más que por lanzar una molotov. Este es un modelo mezquino, que termina beneficiando solo a cuatro mil familias que tienen secuestrado a Chile. Tenemos que hablarle a la mayoría que trabaja en el retal, en el call center o en la caja del supermercado. Este es el espacio social de la mayoría de los estudiantes de las universidades privadas que están endeudados con altos intereses y que van a salir con una enorme mochila al mundo laboral.

Hemos cuestionado las formas de democracia en Chile, hemos propuesto ideas nuevas y hemos politizado espacios. No se pueden hacer todos los cambios en ocho meses; pero, sin duda, marcamos la pauta de esta coyuntura y abrimos camino al porvenir.

Sebastián Farfán

Chile es una olla a presión*

Sebastián Farfán Salinas (23) secretario general de la Federación de Estudiantes de la Universidad de Valparaíso. Fundador y encargado nacional de la Unión Nacional Estudiantil (UNE). En 2013 fue candidato de diputado por el distrito de Valparaíso, no resultó electo.

Farfán dice que el verano permitirá reponer fuerzas y planificar un nuevo impulso a la causa estudiantil. Pero esta vez, observa, con mayor conciencia sobre la relación que tienen las demandas estudiantiles con otras, que reclaman cambiar el modelo neoliberal y la institucionalidad heredada de la dictadura. Reconoce diferencias al interior del movimiento estudiantil, que tienen que ver con la exigencia de educación gratuita y con el rol que se asigna al Congreso Nacional como lugar para dilucidar las demandas sociales.

¿Qué significa hoy una «izquierda revolucionaria»?

Con la arremetida neoliberal de los 80, hubo una dispersión de la izquierda y un vacío que aún no se ha llenado. Nosotros somos un colectivo que quiere ocupar ese espacio para contribuir a la transformación radical de las actuales condiciones de vida de chilenos y chilenas.

Creemos que es una construcción de largo plazo, aunque los tiempos se van haciendo cada vez más cortos. La palabra revolución ha sido manoseada y los grupos que han reivindicado esos

---

* Publicado en *Punto Final*, edición no. 748, 9 de diciembre, 2011.

conceptos son más bien marginales. Por eso, apostamos a generar un proyecto masivo que logre cambiar la institucionalidad política y económica. Programa, estrategia y tácticas son elementos que están por construirse. Pero tenemos la voluntad de producir cambios de fondo, reconociendo que quienes lucharon antes fueron borrados intencionalmente de la memoria colectiva de nuestro pueblo.

Esa izquierda tiene una historia de derrotas.

Hay derrotas, experiencias y aprendizaje. No se pueden sepultar los sueños de más de un siglo de lucha revolucionaria. Tenemos la convicción de que los experimentos del siglo pasado fueron la alborada de un cambio. Llegamos a la conclusión que ahora hay que actuar, superando los dogmatismos que nos llevaron a esquemas cerrados de pensar la realidad.

Hoy existe una sociedad más compleja, con un capitalismo que ha mutado en relación con los análisis que hicieron Marx y otros pensadores. Todo está por construirse y a partir de ahí, tenemos que pensar cómo terminamos con la burocratización de la política, con nuevas formas de ver el trabajo asalariado y con nuevas maneras de entender la lucha social. Para ser dirigente hay que estar ligado a las bases y es vital fortalecer la capacidad de organización. Sin un pueblo organizado y educado, el grupo dirigente termina burocratizándose y apropiándose del poder para sus propios fines.

Para transformar la sociedad no hay fórmulas preestablecidas, aunque existen diversas experiencias que recogemos. Nuestro desafío es hacer un análisis concreto de la sociedad chilena y del mundo de hoy, y desde ahí diseñar la estrategia. Hay asuntos en los que podemos aportar, pero también otros en que tenemos que aprender de las generaciones anteriores para un proyecto que permita transformar a Chile.

¿Cuál es el antes y el después del movimiento estudiantil?

Es importante hacer un balance y una proyección. Reconocer cómo cambiaron las condiciones del propio movimiento estudiantil. Se había caracterizado por luchar solo por demandas gremiales, por unos pesos o por un crédito más. Ahora hemos logrado posicionar demandas de fondo, que traspasan lo gremial. Esto nos ha permitido como estudiantes dar un salto cualitativo en nuestra mentalidad.

Aunque nos tilden de «ultras», insistiremos en la educación gratuita, porque esa demanda nos obliga a preguntarnos ¿cómo lo hacemos? Entonces respondemos: si el cobre lo tienen las empresas extranjeras, hay que expropiar; si los ricos no pagan impuestos, hay que hacer una reforma tributaria, y si la Constitución no sirve para democratizar el país, cambiémosla.

En pocos meses comprendimos que los estudiantes no somos los únicos agentes del cambio, que debemos actuar junto con otros actores sociales. Sin los trabajadores no hay transformación social posible. Tenemos que construir esa fuerza común. Por eso nos vinculamos con trabajadores y pobladores en asambleas populares en Valparaíso y en muchas otras regiones de Chile. La movilización social ha puesto en cuestión la institucionalidad heredada de la dictadura. Hoy se debate abiertamente sobre la legitimidad de la Constitución y de las leyes de amarre de la dictadura.

Hoy en Chile se está gestando una crisis de hegemonía, los conceptos que tenía acuñada la clase dirigente en torno a la democracia y crecimiento económico, tambalean. La ciudadanía los cuestiona y comienza a debatir proyectos alternativos.

¿Cómo influye el factor generacional en la lucha social?

Hay una generación que sufrió una triple derrota: la de 1973, la transición pactada que desplazó a la reactivación del movimiento popular entre los años 83 y 87, y el golpe emocional de la caída de la Unión Soviética y los «socialismos reales». Los sueños de transformación se esfumaron y hasta se proclamó el fin de la historia. La nueva generación irrumpe con una nueva forma de pensar que nos permite decir que estamos hartos de lo que sucede en Chile. Por eso tomamos la decisión de salir a la calle, sin saber bien al comienzo lo que estábamos haciendo. Ahora hay miles y miles de jóvenes discutiendo de política en los centros de estudios y las redes sociales. Los que dirigen este país, encerrados entre cuatro paredes, deben tomar nota de que hay una generación nueva que no solo quiere cambiar la educación, sino que tiene metas mucho más ambiciosas.

¿Qué críticas hacen a la vieja izquierda?
Hay una izquierda de sello revolucionario que sufre una dispersión impactante y hasta tragicómica. Hay mucho dogmatismo, muchas heridas abiertas, muchas divisiones. Se necesita unidad y una alternativa clara común. A partir de la movilización social creemos que es necesario dar el paso de recrear la alternativa de izquierda.

También hay otra izquierda tradicional, que se expresa principalmente en el PC, partido que respetamos y valoramos, pero que carga con muchas taras del pasado. El estalinismo todavía pesa y hay mucho dogmatismo, que lleva a ese partido a considerarse como única alternativa posible de la izquierda chilena. Esa izquierda tradicional rinde culto a la institucionalidad vigente y aunque nosotros no descartamos ocupar cargos como alcaldes, diputados o senadores, que son tribunas importantes, no estamos dispuestos a ser vagón de cola de sectores políticos a los que criticamos.

¿Cómo maneja la diversidad el movimiento estudiantil?
Hemos aprendido que las federaciones, los centros de alumnos y las organizaciones sociales hay que cuidarlas. Antes algunos

grupos de izquierda apostaban a crear organizaciones paralelas. Nosotros formulamos una estrategia distinta. Si no tenemos la hegemonía, luchamos por alcanzarla. Dimos la batalla de ideas y estamos influyendo en la CONFECH. Hemos logrado convivir con visiones diversas. Hay diferencias en el movimiento estudiantil, pero mantenemos la unidad para fortalecer la organización como una herramienta que es útil para la lucha del pueblo.

¿Cómo se expresan esas diferencias?

Algunos decían que demandar educación gratuita es una meta muy alta y otros, estábamos por convertirla en un tema a discutir. Logramos imponer la postura de la educación gratuita como demanda de fondo para superar meras demandas gremiales estudiantiles. Esa fue la base del debate entre las universidades de Santiago y las de regiones. También fue nuestra diferencia con dirigencias que obedecían al PC y a la Concertación. Además, discrepamos en cuanto a la forma de conducir la movilización estudiantil. Algunos no estaban por las tomas ni por la movilización en la calle. Además consideraban conveniente llegar a acuerdos con los rectores. Nosotros dijimos que era necesaria la movilización a través de tomas, porque eso permitía enfrentarse a la presión del gobierno y la derecha. Las tomas se iniciaron en regiones y pasó largo tiempo antes que los estudiantes de Santiago se sumaran. Fue la presión de las bases la que obligó a esos dirigentes.

Pablo Ramírez

Chile quiere cambiar*

Pablo Ramírez Mancilla (24), presidente de la Federación de Estudiantes de la Universidad Técnica Federico Santa María, curicano, estudia ingeniería civil electrónica. Practica fútbol y gusta de la computación y la ciencia. No tiene militancia, aunque sus afectos están vinculados a la DC, por su visión cristiana de la vida y por lo que ese partido fue alguna vez. Su actual compromiso está muy alejado de las prácticas de esa orgánica: «Ahí ni los militantes se sienten representados por sus dirigentes», comenta.

La Universidad Santa María ha sido siempre muy enclaustrada. ¿Eso ha cambiado?

La nuestra es una universidad absorbente en lo académico y casi exclusivamente enfocada a la ingeniería y las ciencias. Por nuestra formación, carecemos de «habilidades blandas», como las que se refieren a la comunicación o trabajo en equipo. Pero en las asambleas surgió la necesidad de ir a la comunidad, más allá del objetivo de sacar adelante nuestras carreras. Comenzamos a trabajar en el cerro Placeres de Valparaíso y estamos participando en varios proyectos con sindicatos y organizaciones sociales y ciudadanas. Esta tarea es de todos nuestros compañeros, que están desarrollando una vocación de servicio público.

---

*   Publicado en *Punto Final*, edición no. 750, 6 de enero, 2012.

¿Cuál fue el mayor logro?

Nuestra Federación jugó un papel importante en levantar demandas ciudadanas que nos acercaran al sentido común de la población. Cuando en una manifestación se quemó un auto, juntamos la plata para reponerlo a su dueña. Propusimos también que ingresara la Universidad Central a la CONFECH, porque consideramos que no hay diferencias sustantivas entre los problemas de las universidades tradicionales y las privadas. La Universidad Central no tiene más diferencia con la Santa María que su fecha de fundación.

Nuestra universidad también es privada, pero su administración es de servicio público y apunta a romper con la desigualdad existente. Lo que tenemos que hacer es una diferenciación clara con las universidades que no están cumpliendo su rol. Si quieren recibir recursos del Estado, las privadas deben hacer investigación y servir a la comunidad con carreras que aporten al país, abriendo espacios para recibir a estudiantes de escasos recursos.

¿La universidad son solo los estudiantes o también los académicos?

Académicos y funcionarios ayudaron en nuestra movilización. Tenemos una gran sintonía con ellos. En conjunto logramos congelar los aranceles y borrar las cláusulas abusivas de un contrato que afectaba a nuestros compañeros mechones. Se hizo un claustro de profesores al que por primera vez fuimos invitados los estudiantes.

¿Qué esperan de sus padres, de los trabajadores, de los pobladores, de la sociedad?

Me ha sorprendido ver cómo la gente se ha plegado a nuestras demandas y ha hecho suyo este movimiento, ante un gobierno empecinado en dañar nuestra imagen y en dividirnos. En los próximos años, los estudiantes tenemos que establecer una especie de contrato social con los trabajadores, con las dueñas de casa, funcionarios, profesores, con nuestros padres, para cambiar este sistema injusto.

¿Es posible la educación pública gratuita y de calidad sin tocar el modelo neoliberal?

En Chile, cada vez que alguien plantea modificar el modelo, se habla de caos. Es un mito que queremos derribar. Para lograr desarrollo real necesitamos una educación pública de calidad y el Estado tiene que gastar en educación para revertir la desigualdad existente.

Tener educación gratuita es tocar el modelo económico, porque este privatiza servicios públicos y sabemos que para conseguir la gratuidad, tenemos que chocar con este. Hay países que tienen educación gratuita y de calidad, y esto no produce grandes alteraciones en el sistema de vida de sus habitantes ni en sus economías.

El presidente Piñera ha dicho que las demandas estudiantiles son justas, ¿le cree?

Él tiene un conflicto en su gobierno, que está marcado por las presiones que ejercen los grupos que lo apoyan. Hay gente con mucho poder que se aferra a sus privilegios. Cuando se dice que no habrá educación gratuita porque esto no lo tolera un 2% del país, es cierto. La mayoría del Congreso Nacional pertenece a ese 2%.

Nuestro sistema político también está en crisis, por la forma como son elegidos los parlamentarios. La gente común y corriente está excluida de la posibilidad de ejercer cargos de elección popular. Aprobaron el voto voluntario, pero con letra chica porque aumentaron también los gastos de los partidos para las campañas, lo que introduce más desigualdad para los candidatos o candidatas que carecen de recursos económicos.

¿Se siente representado por los partidos políticos existentes?

No es la política lo que nos tiene cansados, es la gente que hace la política. Sin embargo, el movimiento universitario ha dado valor a la política. Dirigentes como Giorgio Jackson han contribuido a eso.

¿Y qué pasa con la ciudadanía?

Si me hubieran formulado esta pregunta hace un año, habría respondido de manera muy pesimista. En 2012 puedo decir que la gente tiene ganas de involucrarse y que la política sigue encendiendo las pasiones de nuestro pueblo. Lo que tiene que cambiar es la orientación y el cómo se toman las decisiones, más cerca de una ciudadanía que está demandando cosas diferentes.

La sociedad está evolucionando y comienza a comprender los extremos a los que nos lleva este modelo económico, que se expresa en todas las esferas de la sociedad. La gente ha descubierto que vive en un sistema que no la representa.

¿Cree que de este movimiento pueden surgir opciones políticas transformadoras?

Las decisiones que toman las asambleas de estudiantes distan mucho de lo que hacen los partidos. Me gustaría que hubiese un cambio total en la manera de hacer política. Los partidos tradicionales extraviaron su ideología y ahora solo quedan en ellos los grupos de poder, los caudillos, gente que administra cargos. Eso no nos interesa como jóvenes. El surgimiento de una nueva organización política es lo mejor que podría ocurrir para romper este sistema social y económico que hace tanto daño al país. Ojalá desde la ciudadanía se exprese el poder popular y nos unamos en torno a una visión común de un país mucho mejor y más justo.

Noam Titelman y Gabriel Boric

Los universitarios afinan su estrategia*

Pese a que los dos son acérrimos críticos de la llamada «clase política», Gabriel Boric (FECH) y Noam Titelman (FEUC) piensan que el movimiento estudiantil debe intervenir activamente en el debate que el gobierno y el Congreso sostendrán en los próximos meses, cuando sean enviados los proyectos de ley de reforma política y reforma tributaria.

Noam Titelman Nassau (24), presidente de la FEUC en 2012, estudia Letras Hispánicas e Ingeniería Comercial en la Universidad. Es además bachiller en ciencias sociales y humanidades. Milita en la NAU.

Gabriel Boric Font (26) presidente de la FECH y estudiante de Derecho. Milita en la Izquierda Autónoma. Actualmente es abogado y diputado de la República, en representación de la Región de Magallanes.

Titelman dice: «Se viene la batalla para terminar con el sistema electoral binominal, que distorsiona la representatividad democrática, impidiendo cambios como los del sistema educacional y una reforma tributaria, indispensable para dotar al Estado de los recursos que le permitan ser garante de la educación pública. En la FEUC consideramos que no tiene sentido negar la institucionalidad. Podemos criticarla y deseamos cambiarla, pero no podemos fingir que no existen el Congreso y el gobierno. Hace falta que las instituciones aprendan a escuchar a los movimientos sociales».

*   Publicado en *Punto Final*, Edición no. 751, 20 de enero, 2012.

Gabriel Boric dice que estas reformas son un efecto directo de la movilización del año pasado y coincide en la necesidad de participar en la discusión, aunque «corremos el riesgo de que nuestras demandas sean cooptadas por fuerzas que practican el clásico "gatopardismo": cambiar algo, para que todo siga igual. Estamos muy conscientes de ese peligro, por lo que la manera como entablemos nuestra relación con la institucionalidad será muy importante. No podemos cerrar los ojos y pretender que el gobierno y el Congreso no están ahí. Ellos hacen leyes y toman decisiones. Si adoptamos una postura principista y nos restamos de la discusión, van a terminar pasándonos más goles. Estos son procesos de largo plazo y el movimiento social tiene que iniciar un periodo de luchas desde perspectivas más políticas. No podemos confiar en que las instituciones, tal como están, vayan a resolver por sí solas los problemas. Tenemos que apuntar a transformarlas, con los pies bien puestos en la construcción de fuerza popular territorial».

Revolución Democrática (RD)

Preguntamos a Noam Titelman cuál es la relación entre la Nueva Acción Universitaria (NAU), el sector que conduce la Federación de Estudiantes de la Universidad Católica (FEUC), y Revolución Democrática, el instrumento político que está impulsando Giorgio Jackson. Contestó: «No hay vínculo oficial, pero los integrantes de la NAU, una vez que terminan su participación en el espacio universitario, siguen buscando otros lugares para trabajar en los cambios que buscamos».

Dicen que RD es solo un brazo de la campaña Bachelet 2014

«RD nace con una nueva propuesta de hacer democracia, con una crítica muy potente a la manera cómo funcionan los partidos políticos y de cómo se condujo la Concertación durante veinte años. Más allá de que muchos de sus integrantes puedan militar en partidos tradicionales, lo que cambia es la manera de hacer política. Aunque no participo de RD, me alegra el surgimiento de nuevos referentes con ánimo constructivo. Aquí no se viene a destruir un sistema de partidos ni nada por el estilo; se viene a construir una democracia más potente».

Respecto a RD, Gabriel Boric opina: «Es algo que está en formación. Leí su manifiesto y yo también podría firmarlo, pero ¿quién está detrás? ¿Cuál será su relación con la Concertación? ¿Qué entendemos por "revolución"? Hay muchas cosas que no están claras. Las iniciativas para construir nuevos sectores políticos son muy importantes y en ese sentido saludo la acción que están llevando a cabo Giorgio con Miguel Crispi, Nicolás Valenzuela y otra gente. Es un movimiento en formación y hay que darle espacio. No tiene sentido salir a dispararle, sería muy "chaquetero" de parte nuestra».

Apoyo a mapuches

Gabriel Boric argumenta: «Condenamos enérgicamente la criminalización del pueblo mapuche y el hostigamiento que viven las comunidades. Los peñi han sido brutalmente reprimidos durante 500 años. Antes fueron los españoles y hoy son los propios chilenos los que les quieren quitar su tierra. Intentan matar a la cultura mapuche, y matar a la cultura mapuche es finalmente matar una parte de nuestra propia cultura».

Noam Titelman agrega: «Vivimos la falacia de creer que somos un país monocultural y monolingüe. Eso no es verdad, aquí hay distintas culturas que conviven y tenemos que empezar a entender esto como una riqueza. Hay que construir un entendimiento social básico que garantice los derechos de los pueblos originarios. Es muy importante que la población esté atenta, porque es posible que personas terminen muriendo en La Araucanía debido a la represión descontrolada. Los gobiernos deben escuchar a los movimientos sociales y a los pueblos indígenas. Así como hoy el afectado es el pueblo mapuche, mañana pueden ser los estudiantes u otros. Estamos hablando de cosas mínimas, de respetos básicos, como no atacar sus comunidades con gases lacrimógenos o de cuidar que niños no se vean involucrados en los allanamientos.

»En los aspectos de más largo plazo, necesitamos crear una educación intercultural e incluso una universidad mapuche, abierta a toda la ciudadanía, en la que se pueda estudiar su cosmovisión, su gastronomía, su religión y las distintas miradas que componen su cultura».

Gabriel Boric: «Las instituciones no dan el ancho»

Usted ha enfatizado la necesidad de una autocrítica, ¿a qué se refiere?

Es muy importante para el movimiento social reflexionar sobre nuestras propias acciones, porque si somos autocomplacientes y no tenemos un análisis crítico de lo realizado, será muy difícil seguir avanzando. Aunque hubo muchos aciertos, los peores errores cometidos estuvieron relacionados con descuidar la alianza con otros sectores sociales, y dentro del movimiento estudiantil, con los secundarios; porque la lucha que estamos llevando a cabo es la misma. Nos dejamos llevar por la inercia y esa inercia nos condujo por caminos separados.

Otro error fue fetichizar ciertas formas de movilización. Convocar a marchas todos los jueves hizo que se perdiera el sentido de esas marchas. Las formas de movilización deben ser funcionales a objetivos políticos y por lo tanto, tiene que haber un proceso de reflexión cotidiano acerca de cuál es ese objetivo político.

¿Qué viene ahora?

Cuando hablamos de desmunicipalización, hay que explicar qué sistema escolar estamos buscando; cuando decimos fin del lucro, tenemos que detallar cómo llevaremos eso a cabo. Si no tenemos claridad en estos temas, terminaremos respondiendo a iniciativas ajenas.

¿Tienen conciencia que son parte de la elite de esta sociedad, que ha estado muy lejos del pueblo?

Pertenecemos a un sector privilegiado y por lo mismo, buscamos ampliar nuestro marco de alianzas. Por ejemplo, estamos debatiendo sobre el ingreso de las universidades privadas a la CONFECH. Cuando uno habla de universidades privadas, se imagina la Adolfo Ibáñez, la Mayor o la del Desarrollo; pero universidades privadas son también la de Las Américas, la Bernardo O'Higgins o la Central. A estas asisten mayoritariamente hijos de trabajadores, que viven en carne propia las contradicciones más violentas de este modelo mercantilista de educación.

Cuando era más joven me costaba entender lo que decía Salvador Allende acerca de que la revolución no pasa por la universidad. Yo decía, ¿por qué?, si en la universidad todos son tan revolucionarios. Ahora entiendo que la revolución se tiene que hacer desde el sector productivo, desde la clase trabajadora, desde los explotados, que ahora no son los mismos de antes. Hoy el explotado no solo anda con un casco y un martillo; también lo es el trabajador precarizado que labora para la clase rentista; puede usar cuello y corbata, y es igualmente explotado.

Tenemos que ampliarnos también hacia los pobladores, los medioambientalistas o los consumidores, porque entendemos que la pelea que estamos dando no tiene que ver solo con la calidad de la educación, sino con la calidad de la democracia que tenemos. Esto no lo vamos a resolver este año, porque la descomposición del tejido social en Chile es muy profunda y recién empezamos a organizarnos.

¿Qué esperan lograr?

Estos procesos son lentos y hay que construir perspectivas políticas de largo aliento. Estamos en un camino de recomposición de la organización social y corremos el riesgo de ser cooptados por los interese de la elite. Por lo tanto, tenemos que ser muy responsables, para que al final de este año estemos orgullosos de lo que hayamos logrado.

Cada día que pasa sin transformaciones dentro del sistema educacional, significa exclusión e inequidad. Más niños que van al colegio a no aprender nada hace cundir la frustración. Hay que obtener logros concretos. Es un equilibrio difícil de conseguir, entre nuestras perspectivas de largo plazo y los logros que necesitamos a corto o mediano plazo. Eso quiere decir, por ejemplo, que no podemos cerrarnos a negociar con el gobierno avances concretos en materia educacional.

¿En la disyuntiva revolución o reforma, con cuál se queda?

En el colectivo en que milito, Izquierda Autónoma (IA), nos sentimos parte de una izquierda revolucionaria. La palabra revolución tiene ahora una carga semántica llena de nostalgia y derrota. Nosotros queremos recuperarla y volver a dotarla de sentido político. Revolución hoy no significa andar con un fusil y una mochila, ni andar con poncho escuchando al Quilapayún. Es tomar conciencia de que las condiciones de vida en nuestro país son paupérrimas, debido a la explotación que lleva adelante un sistema neoliberal que solamente favorece a la elite empresarial. Nosotros apostamos a transformar esas condiciones materiales.

La revolución es un proceso permanente y tenemos que ser capaces de ir prefigurando en nuestras propias prácticas cómo nos gustaría que fuera la sociedad que buscamos. El análisis de IA tiene que ver con una crítica desgarradora a la izquierda en el siglo XX. Que más allá de sus aportes al progreso de la Humanidad, fracasó; y el proyecto que imaginó no llegó a concretarse. Los socialismos reales derivaron en totalitarismos absurdos, que no tienen nada que ver con el comunismo al cual se aspiraba. No formo parte de la beatería de izquierda que cree que estos temas no hay que discutirlos y no tengo empacho en criticar al régimen de Corea del Norte, que es a todas luces una dictadura personalista al estilo de la novela *1984* de George Orwell.

Hay que «reimaginar» a la izquierda, pero ese proceso no puede derivar en que solamente tratemos de ponerle un rostro humano al capitalismo. No nos hace sentido la «renovación» del PS, un partido revolucionario que trató de aprender de sus errores, y terminó por convertirse en un partido funcional a los intereses del modelo.

Como IA sabemos que solos no somos suficientes para lograr solos nuestros objetivos y que hay que apostar a la unidad de la izquierda. En la CONFECH existen múltiples colectivos, fuera del PC, que hoy están separados por intrigas pequeñas y desconfianzas. Si no somos capaces de unirnos, vamos a terminar llevando agua al molino del sistema. La Unidad Popular tuvo mucho de popular y poco de unidad; tenemos que aprender de nuestra propia historia para no cometer los mismos errores.

¿Cree que el PC sea parte de esa «clase política» que ustedes critican?
Miramos al PC como un importante aliado en los cambios hacia los que hay que avanzar en Chile. No nos parece su intento de pasar de pacto instrumental con la Concertación a un pacto más político; porque cualquier iniciativa nacida hoy desde la Concertación, es una iniciativa que nace muerta y nosotros no estamos disponibles para formar la Concertación 2.0. Eso no impide reconocer que dentro de la Concertación hay personas que son muy valiosas y que en algún momento nosotros podemos apostar también a construir con ellas una mayoría para hacer los cambios que necesitamos.

Hacer política es transformar la realidad y no solamente tener un sentido principista de las cosas que me impida conversar con otros; porque finalmente me quedaré solo y sin fuerzas para avanzar. El PC se ha equivocado, pero también ha aportado mucho a este país y no podemos seguir con estas divisiones dentro de la izquierda. Hay que apostar a trabajar con ellos.

Noam Titelman: «Este movimiento debe abarcar a todos»

¿Qué está pasando con el movimiento estudiantil en la UC?
La FEUC participó el 2011 como no lo había hecho desde hace 50 años. Hay muchas cosas que aprendimos. Nos articulamos con los centros de alumnos de cada carrera, con profesores, funcionarios y autoridades. Tomamos contacto con los estudiantes de otras universidades, con los rectores y con una serie de organizaciones, con las que deseamos fortalecer vínculos, para enfrentar este año.

Queremos una reforma interna en la UC; porque es la más elitista, con los aranceles más caros del Consejo de Rectores y escasa participación de la comunidad universitaria en la toma de decisiones. Hay mucho que avanzar en lo que se refiere al rol público de la universidad.

La NAU, el colectivo al que han pertenecido las cuatro últimas directivas de la FEUC, se ha inspirado en el movimiento reformista de 1967. Entonces la UC fue la primera en rebelarse, participar y tener un rol protagónico en las transformaciones de nuestro país. Las ideas fuerza de entonces eran, universidad para todos y democratización. Universidad para todos buscaba que el acceso no estuviera vinculado al lugar de nacimiento de las personas y que el conocimiento que produjera la universidad estuviera al servicio de las grandes mayorías. Democratización, a la manera como nos organizamos como universidad, como sociedad y como república.

En 1990 recuperamos la democracia y ahora estamos recuperando la capacidad de soñar con un cambio radical del sistema; con el aporte de nosotros, que somos jóvenes, y de algunos que tienen más edad pero que piensan como jóvenes. No podemos repetir los mismos errores de esa época. El movimiento del 67 nos permitió tener al único rector electo de la UC en toda su historia y grandes avances democratizadores; pero las fuerzas reformistas se dividieron y ganó una directiva contraria, vinculada a la derecha. Con el golpe de Estado del 73, todo lo avanzado se perdió.

Ahora somos menos ingenuos y sabemos que este movimiento debe abarcar a toda la ciudadanía, e incluir reformas estructurales en nuestro sistema de enseñanza, nuestra democracia y nuestra sociedad. Hay que obligar a las autoridades políticas a hacerse cargo de estas demandas. En las universidades aparecen ideas de vanguardia, pero son espacios a los que no ingresa la mayoría del pueblo. Aunque logremos un apoyo masivo, seguimos circunscritos al espacio universitario. El gran desafío radica en que estas ideas se proyecten hacia los movimientos populares a través de nuevas organizaciones políticas.

¿Cómo se rompe el duopolio político?

Muchos lo han intentado y han fracasado. Mientras este duopolio no vea el peligro de perder sus posiciones de poder, defenderán el sistema político. El gobierno se ha manejado mal y muchos en la Concertación quieren volver a hacer lo mismo, sin asumir la derrota ni recoger la crítica. Cuando se pierde, hay dos posibilidades: se cambia o se espera hasta las próximas elecciones para hacer lo mismo de antes. Mientras los últimos predominen, será difícil que la Concertación juegue todas las fichas para cambiar el binominal. En la derecha sucede lo mismo, mientras haya quienes consideran que el sistema les conviene, van a seguir defendiéndolo. Hay que remecer el barco y demostrar que este modelo no es sostenible, porque la ciudadanía tiene un descontento profundo con la forma como se está llevando a cabo la democracia.

¿Qué opina sobre la represión desatada contra los movimientos sociales?

Somos enfáticos en condenar la violencia, porque la consideramos un medio inútil para nuestro movimiento y vamos a hacer todo lo posible por conseguir la paz social. Pero consideramos que la paz es, en última instancia, obra de la justicia. La lucha por la educación es también la lucha por la paz. Estamos preocupados por la tramitación de la «ley Hinzpeter», que busca criminalizar los movimientos sociales y que va en la dirección contraria a las necesidades de un sistema democrático en el que puedan participar con éxito los distintos actores ciudadanos.

Los estudiantes técnico-profesionales se quejan de que el sistema de selección no les da oportunidad de ingresar a la universidad.

Tenemos un sistema educacional único en el mundo: establece una discriminación perfecta, a través de escuelas municipales, particulares subvencionadas, con copago y particulares pagadas, que permiten discriminar a los estudiantes según su nivel socioeconómico. La Prueba de Selección Universitaria (PSU) no mide adecuadamente las habilidades ni predice el rendimiento que tendrán los estudiantes. Discrimina según la institución básica o secundaria a la que asistió el alumno y no según la calidad y los méritos de cada estudiante. Estudios demuestran que al medir conocimientos y no aptitudes, la PSU discrimina negativamente a los alumnos de liceos municipales y no predice bien el rendimiento en la educación superior. Hay que modificar la prueba y agregar otros criterios de selección, como un *ranking* que premie a los estudiantes secundarios que hayan destacado en sus promociones.

La «clase política» teme también entregar recursos al Estado para que se haga cargo del derecho social a una educación igualitaria. Mientras no rompamos con estos prejuicios, estamos condenados a mantenernos en estos continuos ajustes cosméticos de una beca más o menos, o de aumentar en un 10 o 20 por ciento la subvención.

José Ancalao
Jóvenes mapuche en la lucha estudiantil*

José Ancalao (23) nació y se crió en el lof (comunidad) Horacio Cheuquemilla, de la comuna de Purén. Estudió educación básica en la escuela Enzo Ferrari, de la población El Esfuerzo en Purén. Su padre es obrero forestal y su madre asesora del hogar. Hizo la secundaria en el Liceo Pablo Neruda de Temuco, fue vocero regional de los estudiantes secundarios en 2006. Ahora cursa tercer año de Antropología en la Universidad Católica de Temuco y es vocero de la Federación Mapuche de Estudiantes (FEMAE).

Además, Ancalao es seleccionado de karate de la universidad, escucha música y lee mucho. Es un nagche, denominación que reciben los mapuches que habitan en las tierras bajas, en los faldeos de la cordillera de Nahuelbuta. El nagche más conocido en la historia fue Pelantaro, quien derrotó a los españoles en la batalla de Curalaba, consagrando la independencia del pueblo mapuche hacia el año 1600. A ese linaje siente orgullo de pertenecer José Ancalao.

Es exponente de una nueva generación de jóvenes mapuches que asumen el liderazgo en la autodeterminación de su pueblo. José Ancalao denuncia el racismo e incomprensión de la sociedad chilena respecto a la causa mapuche y relata cómo han logrado que la voz de ese pueblo originario sea escuchada entre los estudiantes. No tiene filiación política, aunque aclara: «Milito en la causa mapuche».

*   Publicado en *Punto Final*, edición no. 753, 16 de marzo, 2012.

¿Cómo aprecia lo que está pasando en Aysén?

Muestra el agotamiento de un modelo que olvida a las regiones, a partir del pensamiento centralista de la clase política. Además de mapuche, soy de una región y vivo a diario la doble discriminación de un sistema que margina de las decisiones políticas a las mayorías sociales. Esa realidad se expresa en cosas concretas, como la rebaja del impuesto específico a los combustibles o la creación de una universidad estatal. Conozco mucha gente de Coyhaique y de localidades de la Región de Aysén que deben emigrar porque no tienen donde estudiar.

¿Cómo está organizada FEMAE y cuál ha sido la articulación con la CONFECH?

Agrupa a estudiantes de diversas universidades públicas y privadas, institutos profesionales y hogares estudiantiles. El requisito principal es que sean estudiantes mapuches, sea cual sea su lugar de estudio. El vínculo con la CONFECH ha sido difícil, porque hemos tenido que hacer entender a los demás que nuestra lucha no es convencional y trasciende a las divisiones entre derecha, izquierda o centro. Nosotros luchamos por la autodeterminación. Recién cuando obtengamos ese reconocimiento, podremos discutir el tema político-partidista.

Podíamos actuar solos, como siempre la hemos dado los mapuches. Pero era importante compartir ese espacio con las otras federaciones y entrar en contacto con los sectores políticos, sean Concertación, derecha o izquierda para hacerles entender que nuestra lucha es transversal a la política.

Un nuevo modelo educativo debe construirse a partir de la interculturalidad y el conocimiento del otro como alguien distinto. Los chilenos deben comprender que las naciones originarias son anteriores a la creación del Estado de Chile, y que somos pueblos distintos los que estamos conviviendo en un mismo espacio territorial. Esta visión contradice una política de Estado basada en el exterminio silencioso de los pueblos originarios, que se expresa en la tremenda represión que hay contra las comunidades como respuesta a nuestra demanda de recuperación de tierras.

¿Cómo se expresan la segregación y el racismo?

Somos discriminados en los consultorios de salud, en las escuelas o en los trabajos, por ser mapuche. Tenemos un modelo educacional que se encarga de mantener las injusticias e impide que podamos educarnos dignamente en una institución que sea gratuita, de calidad e intercultural. El racismo está incluso en el currículum educacional. Desde hace cien años nos tiene negados, marginados y olvidados. Queremos que haya más horas de «verdad histórica», sobre lo que realmente ha sucedido en La Araucanía desde 1881 en adelante.

¿Cuáles son las demandas de los estudiantes mapuches?

Entre nuestros temas está la universidad intercultural, que es una deuda del Estado. Bolivia, Canadá, Noruega y Finlandia la tienen. Es fundamental definir cómo se crea conocimiento y se forman profesionales a partir de una sociedad intercultural. Es importante que la interculturalidad exista desde la escuela básica hasta la universidad, con el reconocimiento de nuestra historia, lengua y cosmovisión.

Temas como la interculturalidad y los hogares estudiantiles están en el petitorio nacional de los estudiantes. Además, tomamos la decisión de estar presentes en las actividades de prensa para plantearlo directamente. Esa es la función que me cabe dentro del movimiento estudiantil.

¿Se siente parte de una nueva generación de mapuches?

Están Pablo Millalén, Natividad Llanquileo, Lucy Nahuelcheo, Huenchumilla, Jonatán Zapata, etc. Una generación que no aparece mucho en los medios de comunicación, pero en las comunidades son muy queridos. Son jóvenes que vienen con una postura de autodeterminación, sin asumir la condición de clientes políticos de la derecha, la Concertación o la izquierda. La demanda de autodeterminación de nuestro pueblo es transversal y estos jóvenes vienen con esa postura, que alguna vez tuvieron la Asociación Araucana y la Corporación Caupolicán en el siglo pasado. La autonomía parte por descolonizarnos nosotros mismos.

¿Esta nueva visión encuentra adeptos en las comunidades?

Les hemos explicado a nuestros peñis que es muy difícil estar siempre presentes en el mundo estudiantil y simultáneamente en las comunidades. Nuestro acercamiento más fuerte es a los lof (comunidades rurales); sin desconocer que en Santiago también ha crecido la presencia estudiantil mapuche de origen urbano. Los lonkos y habitantes de distintas comunidades nos apoyan. También hay machis que trabajan con nosotros y muchos peñis se están sumando.

Ustedes tienen adversarios poderosos en su región.

En La Araucanía se dan paradojas. Riqueza extrema y pobreza con segregación y racismo, donde los mapuches somos mayoría. Muchos latifundistas, que manejan grandes recursos económicos, apoyan las campañas políticas de los senadores José García y Alberto Espina. El sector productivo agropecuario más importante del país está en La Araucanía, y las forestales aportan entre el 8 y el 10% al PIB del país. La paradoja es que las comunas más pobres, como Lumaco, Purén, Los Sauces, Collipulli o Ercilla son las que tienen mayor número de plantaciones forestales. Alrededor del 80% de esas comunas están plantadas por las empresas forestales, que agotan y contaminan el agua. Las comunidades sufren la sequía, no pueden practicar la agricultura y no les queda más opción que meterse a trabajar en las forestales o plantar eucaliptus en sus campos.

Marjorie Cuello

La izquierda se alejó del movimiento social*

Marjorie Cuello Araya (24), secretaria general de la Federación de Estudiantes de la Universidad de Valparaíso (FEUV), es egresada de la carrera de Pedagogía en Ciencias Sociales y pertenece al colectivo «Estudiantes Movilizados», que es parte de la recién creada Unión Nacional de Estudiantes (UNE), que agrupa a diversos colectivos de la izquierda universitaria.

Se siente parte de una izquierda todavía en construcción, critica el acuerdo electoral del Partido Comunista con la Concertación y cree que debe surgir una alternativa al modelo económico, político y social.

¿El centralismo también afecta al movimiento estudiantil?

Los medios de comunicación consideran voceros del movimiento estudiantil a la FECH y la FEUC. Haremos un esfuerzo por ampliar estas vocerías para dar a conocer los problemas regionales; por ejemplo, que Aysén necesita una universidad, porque los jóvenes de esa región tienen que salir, con el costo que esto significa para sus familias. Tampoco las universidades regionales elaboran sus proyectos considerando el espacio geográfico en que se insertan. Crean una masa de carreras tradicionales que finalmente generan más profesionales cesantes.

---

*   Publicado en *Punto Final*, edición no. 755, 13 de abril, 2012.

¿Cuáles son los ejes de una propuesta de contenidos?

Hay que rebajar el presupuesto de las FF.AA., debe aumentar el impuesto a las utilidades del cobre y tenemos que renacionalizar los recursos naturales. El gobierno nos acusa de egoístas, diciendo que los estudiantes queremos solucionar solo el problema de la educación cuando hay otros igualmente urgentes. Pero no es así. No todo el dinero debe ir a educación, porque hay evidentes desigualdades sociales en salud o previsión, que derivan de las administradoras privadas. Los problemas originados por el lucro atraviesan a toda la sociedad.

Hoy existe un sistema de educación pública minoritario y de mala calidad; las políticas del Estado se basan en subvencionar a los privados. La derecha cree justo que el que tiene más pague más y ve la gratuidad en función de quintiles de ingreso. Nosotros, en cambio, creemos que el que tiene más, debe pagar más impuestos y no limitar su esfuerzo solo a la educación de sus hijos.

El gobierno se queja de la violencia estudiantil.

La violencia que proviene de la ciudadanía es una respuesta a otra mayor, que se ejerce desde el Estado. El actuar de las Fuerzas Especiales de Carabineros es excesivo. Se criminaliza la protesta social; pero hay otra violencia que no se publicita a través de los medios de comunicación, asociada al endeudamiento con los bancos o a las condiciones que las AFP e ISAPRES imponen a las personas.

El comandante en jefe del ejército dijo que su institución está dispuesta a ejercer «nuevas responsabilidades» en la preservación de los «valores, intereses y bienes de la sociedad».

En Chile, cuando los movimientos sociales se levantan, la clase dominante recurre a la fuerza para aplastarlos. Está en la naturaleza de la oficialidad uniformada la intolerancia respecto a ciertas ideas que hoy se expresan a través de estas movilizaciones. Las declaraciones del general Fuente-Alba estimulan más un clima de ingobernabilidad. Los que pasaron por el golpe de Estado y la dictadura también tienen ese miedo y es un elemento que tenemos que considerar al hacer los análisis políticos sobre la movilización social.

El movimiento estudiantil de 2011 duró ocho meses y el de Aysén poco más de un mes. Aysén logró resultados concretos y el movimiento estudiantil nada.

Las soluciones que pedimos los estudiantes son estructurales: reforma tributaria, Asamblea Constituyente, gratuidad en la educación, reducción del presupuesto de defensa y renacionalización del cobre. Las demandas de Aysén eran más aceptables para el gobierno, porque una zona franca baja el precio de los productos de consumo es también un subsidio a las grandes empresas; y lo mismo sucede con los combustibles. Las soluciones que se dieron a Aysén están en la lógica del mercado, las soluciones que pedimos los estudiantes no se pueden resolver de ese modo.

¿Existe distancia entre el mundo político tradicional y los movimientos sociales?

Como UNE creemos que la política de los partidos tradicionales, incluyendo al PC, es errada. La politización vivida por los estudiantes permite a la ciudadanía darse cuenta de las malas prácticas de esos partidos. Así como se castigó a la Concertación en la pasada elección presidencial, en el sector estudiantil también se castigó ahora al PC, que perdió la FECH y la FEUSACH, por su viraje hacia el centro y su subordinación a la Concertación.

El pueblo ha dejado de confiar en la institucionalidad que le dio seguridad al término de la dictadura. La salida pactada entre la

Concertación y la derecha fortaleció el modelo neoliberal, precarizó el trabajo, mantuvo una Constitución impopular. Pero mientras no exista una alternativa, esos grupos seguirán enquistados en el poder.

Los comunistas dicen que en la última elección de la FECH lograron más votos y se quejan de haber sido aislados.

Guillermo Teillier atribuye las derrotas de su partido a un «anticomunismo de izquierda». Es una excusa, porque no hay autocrítica del PC respecto a su comportamiento. Los comunistas deben entender que se les está castigando por sus prácticas. Con el posicionamiento que tenía Camila Vallejo y con lo buena dirigente que es, debió ser reelecta, pero se castigó a su partido. Yo misma soy comunista, pero no milito.

Nos gusta la politización, el marxismo está ahora en la boca de la gente, hay jóvenes que ahora hablan de temas que eran tabú. Es un despertar político que hay que canalizar.

Hay un despertar de las ideas de izquierda, pero también hay dispersión.

Las alianzas entre organizaciones de izquierda en las federaciones de estudiantes, están generando confianza que deriva hacia el trabajo mancomunado. Hay que sentarse a conversar, olvidar las rencillas e iniciar un proceso que probablemente será largo. La juventud debe tomarse el tiempo suficiente para generar un proyecto político capaz de levantar una alternativa real.

Esto no va a salir solo de las universidades y por eso buscamos vincularnos con otras organizaciones sociales y sindicales. Necesitamos una gran fuerza de izquierda y para eso surgió la UNE, como una plataforma de los estudiantes que luchamos por la educación gratuita y por una sociedad más justa.

¿Cree posible lograr cambios con la dirigencia actual de las organizaciones sociales?

Hay que vincularse con ellas sin importar quiénes son sus dirigentes. Cuando salga de la universidad, me voy a incorporar al Colegio de Profesores, porque esa organización tiene un peso histórico. Si a mí no me gustan las políticas que ejecutan sus dirigentes; junto a otros profesores, buscaré cambiar lo que no me gusta. Si la lucha avanza, a los partidos de la izquierda tradicional no les quedará otra posibilidad que sumarse.

Recaredo Gálvez
El país necesita una refundación*

Recaredo Gálvez Carrasco (22), presidente de la FEC, estudiante de Ciencias Políticas y Administrativas, hizo su educación media en el Liceo Clodomiro Urrutia, de Cauquenes, ciudad donde nació. Pertenece a Fuerza Universitaria Rebelde (FUR), que reivindica la tradición de una izquierda revolucionaria orientada a crear un «sujeto político popular». En 2011 estuvo detenido una semana, acusado de porte ilegal de armas y de violencia contra Carabineros.

Afirma que la institucionalidad del país es incapaz de solucionar los problemas que enfrenta la sociedad chilena y que los actores sociales deben organizarse de forma autónoma para alcanzar soluciones. Agrega que las próximas elecciones no resolverán los problemas de fondo, pero observa que comienzan a politizarse los espacios sociales y que la política debe hacerse a partir de lo local.

Ustedes anunciaron una propuesta integral, pero esta solo se tradujo en una propuesta tributaria.

No va a ser el Chile institucional actual el que dará a luz un sistema integral de educación. Los actores sociales organizados nos tendremos que confrontar con las fuerzas conservadoras que se están oponiendo a las transformaciones. El Chile de hoy está diseñado para beneficiar a los que administran este modelo económico primario-exportador, dependiente de las grandes economías y con

---

*   Publicado en *Punto Final*, edición no. 758, 25 de mayo, 2012.

desigualdad social, depredación de recursos naturales y daño del medioambiente. La Constitución consagra estos valores y pedir que ese sistema permita los cambios, es imposible. Por eso estamos generando un proceso de acumulación de fuerzas, organización y concientización, en espacios autónomos de poder dentro de las universidades y en el país, para cambiar esta situación.

¿Las próximas elecciones podrían configurar un cuadro político distinto?

Si creemos que basta con cambiar un alcalde o un concejal para solucionar los problemas, estaríamos equivocados. Queremos un Chile con más organizaciones populares, con juntas de vecinos capaces de desplegar más actividad social, deportiva y de administración territorial. Queremos ver deudores habitacionales más organizados para obtener viviendas dignas, educación y salud gratuitas. Gente alzada y organizada contra las injusticias. Probablemente en esa tarea no vamos a tener de inmediato un Chile completamente distinto al de ahora, pero podemos tener un país con mucha más conciencia.

¿Qué piensa de una nueva Constitución?

Todo impulso en la perspectiva de organizar, generar discusión y mayor grado de conciencia; en ese sentido una Asamblea Constituyente sería un espacio de acumulación de fuerzas alternativas. Cuando el pueblo empieza a plantearse cómo cambiar las cosas, se da cuenta de la necesidad de crear autodeterminación.

Necesitamos también de otros movimientos sociales que tengan capacidad de organizarse para impulsar reivindicaciones comunes y discutir más allá de las elecciones. Si la izquierda pretende utilizar como instrumento electoral cualquier plataforma social, está condenada al fracaso.

¿Se puede hacer política sin partidos?

La dictadura, y luego los gobiernos de la Concertación, nos privaron de hacer política en asambleas, con tus vecinos, con tus compañeros de estudio o con otros trabajadores. La dictadura logró separar lo político de lo social y la Concertación agudizó ese modelo. Hoy lo político está instalado en la institucionalidad, en el gobierno, en el Congreso y en los tribunales. Lo social, en cambio, es lo que el pueblo vive en lo cotidiano.

Tenemos que politizar lo social y esto comienza a manifestarse en la aparición de varios conflictos. Se expresa en sindicatos más combativos en la búsqueda de solución a sus problemas, en pobladores que buscan nuevos espacios para manifestarse. Las calles se han convertido en un escenario adecuado para recuperar los derechos que nos arrebataron. Nuestras universidades, sindicatos, poblaciones y hogares se están convirtiendo en nuestros espacios democráticos de organización.

¿Qué está haciendo la Federación de Estudiantes de Concepción para vincularse con otros actores sociales?

La articulación de los estudiantes con sectores laborales se está dando en escuelas sindicales o de formación de dirigentes, que compartimos también con pobladores. Nos hemos movilizado para demostrar que todos podemos conseguir logros, porque formamos parte del mismo pueblo. La Unión de Trabajadores Portuarios del Biobío, por ejemplo, es una experiencia sindical ejemplar para los movimientos sociales. Los trabajadores con los que hemos emprendido trabajos comunes no se sienten representados por las cúpulas sindicales que se expresan en entidades como la CUT.

¿Cómo podría expresarse este movimiento más adelante?

Estos espacios representan una alternativa de poder, que se arrebata a la institucionalidad. Estamos golpeando a esas instituciones que se han arrogado nuestra representación. Se trata de comunidades que comienzan a ejercer la política en sus ámbitos naturales, más allá del gobierno, del Parlamento o de las municipalidades. Chile necesita ser refundado porque la institucionalidad existente ya no da para más. La segregación y represión generan más descontento, violencia y desigualdad. La gente vive cada vez más conflictuada con los sistemas de salud, educación y vivienda; mientras más se agudicen estos problemas, más nos vamos a expresar.

No buscamos modelos ajenos, no quiero una Venezuela ni una Cuba. Quiero un Chile capaz de responder a las demandas del pueblo. Los involucrados en esta lucha son nuestras familias, explotadas por un capitalismo que no distingue fronteras de ninguna especie.

¿Se puede resolver el conflicto entre el modelo neoliberal y la destrucción del medioambiente?

Un elemento que hace irreconciliable este capitalismo en expansión con el conjunto de la sociedad, es la destrucción del medioambiente. Para esto, el sistema no tiene respuesta, por el indiscriminado consumo y el exterminio de la biodiversidad y de los recursos naturales no renovables. La manera como se desarrolla este capitalismo agresivo nos plantea el desafío de construir nuevas relaciones entre la humanidad y la naturaleza. En ese proceso no podemos marginarnos, tampoco de los debates de género, de los derechos de los pueblos originarios, del ecosistema, ni de todos los factores históricos que nos han constituido como sujetos.

Eloísa González

Estudiantes llaman a no votar*

Eloísa González Domínguez (18), vocera de la ACES en 2012, estudia tercero medio y no difiere en su conducta de cualquier otra joven de su edad. Su sencillez, la dulce expresión de sus ojos y la naturalidad de su sonrisa contrastan con la rebeldía que expresan su cabellera colorina y la mordacidad de sus palabras. La represión ya ha fijado su atención en esta joven líder estudiantil. En el desalojo del Servicio Electoral, ocupado por un grupo de la ACES, Eloísa fue agredida por un carabinero. Después de recibir atención médica, la vocera denunció la agresión sin ser escuchada por las autoridades.

Señala que la decisión de «funar» (repudiar) las elecciones municipales del 28 de octubre mediante una variada gama de acciones, se tomó después de un largo debate interno de la organización estudiantil. El rechazo a estas elecciones expresa una crítica tajante a todo el sistema político y su institucionalidad.

La ACES considera que el sistema político es excluyente y poco democrático, herencia en lo esencial de la dictadura militar. No posee mecanismos participativos que permitan expresar la voluntad popular más allá del voto. Acusa, además, a los parlamentarios que se oponen a la Asamblea Constituyente, de estar comprometidos con el «paraíso» neoliberal. Desde la Concertación, muchos critican a la ACES y a su vocera calificándolas de «ultras» y en el gobierno la tachan de «antidemocrática».

---

* Publicado en *Punto Final*, edición no. 768, 12 de octubre, 2012.

Dice: «Algunos pensaban que para invalidar las elecciones trataríamos de ocupar los recintos de votación. Eso nunca estuvo en nuestros propósitos. No estamos en contra del voto, estamos contra la institucionalidad de un Estado que carece de mecanismos reales de participación para ejercer la democracia, mecanismos que vayan más allá del ritual cívico de emitir el sufragio cada cuatro años».

Según la vocera de la ACES, funar las municipales «es un ultimátum a quienes no se hacen responsables de nuestras demandas destinadas a evitar la muerte de la educación pública». Agrega que «la mayoría del movimiento estudiantil es menor de 18 años y no tiene voz ni voto en las decisiones respecto a educación. Por lo tanto, las elecciones no representan para nosotros un acto democrático, son parte de un sistema político que es la causa de que no tengamos educación gratuita y de calidad.

»Nuestra decisión de funar las elecciones es parte de la campaña Yo No Presto el Voto, que llama al pueblo a mantenerse fuera de la dinámica electoral. La institucionalidad que sirve de soporte a las elecciones está diseñada para que gane la derecha o el sector más conservador de la Concertación. En la acción política estas fuerzas se comportan de igual manera y se muestran incapaces de construir una democracia para el conjunto del pueblo. Al fin y al cabo, la derecha y la Concertación demuestran que son lo mismo. Abogamos porque la gente que hasta ahora no tiene un lugar en la democracia, encuentre un espacio para incidir en las decisiones para conducir el país.

»Queremos "desmunicipalizar" la enseñanza y esa decisión no pasa por los gobiernos municipales. Ante la incapacidad de la institucionalidad para resolver las demandas populares, no creemos que los emplazamientos sirvan de mucho en la práctica. Hay candidatos que se han comprometido a apoyar las demandas para una educación pública, pero se quedan solo en las palabras».

Eloísa González explica que la campaña Yo No Presto el Voto consiste en poner las demandas sociales en el tapete de la discusión pública. «Para llevarla a la práctica consultamos realizar asambleas, denuncias, tomas, llamados a no votar, acciones para exigir mayor participación en las comunas, actos culturales, etc. Sabemos que debemos ser cuidadosos en las acciones que emprendamos, sobre todo en las horas próximas a la elección. Tenemos conciencia que las fuerzas armadas asumen el control del orden público y de los recintos electorales, de manera que nos ajustaremos a esa realidad».

¿Este llamado a abstenerse en las municipales se extenderá a la elección presidencial?

El trasfondo de nuestra campaña tiene validez permanente, pero la forma puede ir variando. En la presidencial volveremos a plantear el problema de fondo: que los movimientos sociales y sus demandas no tienen cabida en la institucionalidad actual. Sabemos que pasará largo tiempo antes que podamos contar con herramientas reales de participación del pueblo. Las elecciones municipales, parlamentarias y presidenciales son momentos de igual importancia para lo que queremos plantear.

Si un candidato o candidata presidencial recogiera parte significativa de sus demandas, ¿qué harían?

Más allá de la simpatía que tengamos por ciertos candidatos o candidatas y de la voluntad política que ellos pudieran tener, el asunto de fondo es que el pueblo no tiene todavía un proyecto propio de construcción de país. Veremos los resultados de la elección municipal y después discutiremos cómo continuar nuestra campaña en relación con las elecciones parlamentaria y presidencial.

¿Cómo ha sido la experiencia de la ACES con los parlamentarios?

Cada vez que hacemos un intento de diálogo en el Congreso Nacional, nos quedamos con un sabor amargo. Así ocurrió con el rechazado informe sobre el lucro, con la aprobación de la reforma tributaria y ahora, con la discusión del presupuesto nacional 2013. Se aprueban recursos, pero no se establece de manera adecuada cómo se usarán esos fondos, o simplemente se asignan recursos en beneficio de los sostenedores privados del sistema educacional. Esto denota la incapacidad de los legisladores de asumir la problemática esencial de la educación. Si bien se han dado intentos de acercamiento, no hemos llegado a acuerdos porque no existe voluntad política de los partidos y sus parlamentarios.

El senador socialista Camilo Escalona y otros políticos se oponen a una Asamblea Constituyente como la que plantean los movimientos sociales.

La demanda de Asamblea Constituyente para elaborar una nueva Constitución emana de distintos sectores sociales y políticos. Ante esa propuesta, la casta política ha formado un bloque transversal que traspasa a la Concertación y a la derecha para cerrar el paso a esta demanda popular. El rechazo de ciertos parlamentarios y autoridades a la Asamblea Constituyente se explica por el miedo que sienten a que se les termine el «paraíso neoliberal» del que disfrutan.

Una Asamblea Constituyente es el paso necesario para cambiar democráticamente la Constitución Política. Pero mientras los que toman decisiones sigan siendo un grupo pequeño, mientras no existan organizaciones sociales fuertes, no habrá garantía de que podamos concluir un proceso constituyente como el que queremos y necesitamos.

Es un hecho que las marchas convocan ahora menos gente en la calle.

Entendemos las marchas y otras formas de movilización como una herramienta, no como un fin. Lo que nos importa es instalar ciertas temáticas en educación y en otros aspectos. Puede haber menos gente en la calle, pero eso no significa que disminuya nuestra fuerza. Ella está surgiendo de una sociedad que debate sobre educación. Ahora hay comunidades que tratan de articularse y organizarse. Hay una gran fuerza en la base social.

¿Cómo ha sido la experiencia de relacionarse con otros sectores sociales?

Hemos tenido experiencias muy alentadoras en la relación con sindicatos de empresas del sector servicios, y estamos extendiendo esa vivencia a otras realidades. Otro hecho importante que está ocurriendo es que también nuestros padres se están organizando y cada vez son más los que exigen dignidad en sus trabajos. Estas experiencias nos han permitido tener claro, por ejemplo, que el Colegio de Profesores no representa fielmente a la mayoría de los maestros. Por eso ahora trabajamos con sindicatos o colectivos de profesores, que nos han permitido articularnos con los docentes para fortalecer en conjunto nuestras propuestas en los colegios. Nosotros aprendemos de su experiencia de lucha y ellos de la nuestra. Así construimos por la base un movimiento social que en el futuro será capaz de realizar el cambio profundo que Chile necesita.

La ACES plantea la participación de la comunidad en la gestión y el control comunitario del sistema de educación. ¿Cómo lo harían funcionar?

Nuestro concepto de participación y democracia está muy ligado al control comunitario sobre los procesos educativos. Lo pueden ejercer tanto los actores al interior de cada establecimiento, como las organizaciones territoriales. Esta forma de participación no existe en Chile. Hay intentos, pero en la realidad no hay un control social efectivo. Estamos buscando la creación de este control comunitario, pero también creemos que debe incrementarse en forma paralela la presencia del Estado. Cualquier tipo de control que ejerzan los actores sociales sobre el proceso educativo debe expresarse en la toma de decisiones. Por ejemplo, en varios liceos estamos exigiendo un Consejo Escolar con carácter resolutivo, para que la comunidad educativa pueda decidir sobre su propio espacio. Ha habido experiencias interesantes en liceos tomados; hemos tenido a sindicatos de trabajadores y a vecinos participando de las dinámicas para resolver los problemas que se presentan en un establecimiento escolar. Esta idea ha sido una buena experiencia.

Andrés Fielbaum

Dura crítica a la Concertación*

Andrés Fielbaum Schnitzler (25 años), presidente de la FECH en 2013, es estudiante del magíster en Ciencias de la Ingeniería con mención en transporte. Pertenece a la Izquierda Autónoma.

El gobierno dice haber recuperado la iniciativa en materia de educación. ¿Usted qué opina?

Hay que ver el tema en una perspectiva histórica. En 2012 el movimiento estudiantil vivió un reflujo en relación a 2011, que nos dejó cansados. Por otra parte el gobierno tuvo mayor actividad, impulsó proyectos que constituyen concesiones, como la rebaja de la tasa de interés del Crédito con Aval del Estado (CAE). Permaneció intacta la capacidad de incidencia del movimiento estudiantil. Logramos hacer salir a los bancos del tema crediticio y avanzamos en la unidad del movimiento estudiantil, trabajando hombro con hombro con los secundarios y estudiantes de universidades privadas. Nos hacemos cargo de nuestra incapacidad para dimensionar lo grande que fue el reflujo en 2012. Nos faltó un contacto más directo con nuestras Facultades, para decirle a las bases que esta lucha tiene ahora tanto sentido como el año pasado.

¿Cuáles son los elementos de continuidad y cambio que visualiza?

El principal elemento de continuidad tiene que ver con que el movimiento estudiantil sea incidente y genere, mediante la movili-

---

* Publicado en *Punto Final*, edición no. 771, 23 de noviembre, 2012.

zación y la presión, avances concretos hacia transformaciones profundas en el país y sus instituciones. Los partidos existentes están cruzados por conflictos de interés y sus dirigentes se sienten cómodos en el actual modelo de país.

Ustedes critican a la vieja política. ¿Cuál es la nueva política?

Criticamos una política hecha por partidos desligados de los actores sociales o que responden a los grupos de interés que los financian o influencian, pero no representan a sectores amplios de la sociedad. Cuando hablamos de una nueva política, nos referimos a recuperar esa conexión que existió entre los partidos populares y la base social. Como ahora hay muchos conflictos activos, se están articulando nuevas fuerzas políticas que provienen de esos conflictos y que responden a una base social real. Eso le da sentido a sus propuestas. Dejan de ser iluminados que se juntan entre cuatro paredes, y responden a procesos vivos de construcción social. Es lo que queremos recuperar cuando hablamos de nueva política. El formato clásico consiste en que un sector social se manifiesta, se moviliza, le reclama a la institucionalidad y finalmente obtiene algún avance. Este modelo ha demostrado ser insuficiente para la profundidad de las transformaciones que la mayoría del país está exigiendo.

¿Qué pasó en las elecciones municipales, miradas desde esta nueva perspectiva?

La alta abstención demuestra que una parte importante de Chile está dispuesta a movilizarse, a cacerolear, a participar en tomas y a interesarse por la política. Pero no se siente convocada a votar. No digo que todos los que se abstuvieron tengan una crítica profunda al sistema, pero una parte considerable cree en la posibilidad de construir un país diferente, dando su apoyo a las demandas más relevantes del movimiento estudiantil. Al no existir una fuerza transformadora, termina ganando la misma vieja política que tantas veces nos ha dado la espalda. Lo único nuevo fue que la derecha retrocedió mucho. La Concertación recuperó alcaldías, pero no tiene mayor convocatoria, y eso plantea un desafío a los que creemos en la posibilidad de construir una fuerza transformadora.

¿Cómo se inserta el Partido Comunista en esta realidad?

El PC, más temprano que tarde, debe convertirse en un aliado nuestro, porque tiene una representación importante en los sectores populares. Programáticamente tenemos muchas más coincidencias que diferencias con los comunistas. El desafío de generar fuerza alternativa al calor de las luchas sociales, requiere de un alto nivel de madurez. Para que esa alianza sea posible, el PC tiene que abandonar su actual acercamiento a sectores de la Concertación que han demostrado ser profundamente neoliberales. Con esta política el PC no aporta a la transformación del país. Por el contrario, le significa mayor amarre de manos para criticar a una Concertación que durante años nos ha dado la espalda. La única manera de recuperar las confianzas del pueblo es sumar fuerzas para impulsar un nuevo proyecto.

Hay sectores de base de la Concertación que también debieran ser nuestros aliados. Muchos dirigentes de juntas de vecinos o sindicatos están más cerca de nosotros que de sus cúpulas partidarias.

Cuesta entender que la Concertación no esté con las demandas del movimiento estudiantil.

Un gran desafío es demostrar su inconsecuencia, porque de manera oportunista ha dicho que está con la educación pública, ahora que es oposición. El Crédito con Aval del Estado (CAE), la Ley General de Educación (LGE) y el financiamiento compartido los inventó la Concertación. La realidad es muy simple: la Concertación tomó el país construido por la dictadura y se dedicó a administrarlo y a profundizar sus aspectos fundamentales. Los partidos de la Concertación dieron forma durante veinte años a un Estado que abandonó sus deberes en educación, salud, etc. Incluso ahora que son oposición y han intentado verbalizar algo diferente, terminan cuadrándose con las iniciativas de la derecha. En 2012, cuando se votó el informe sobre lucro en la educación, la Concertación permitió que se rechazara; y cuando se votó el ajuste tributario, posibilitó que se aprobara.

¿Qué opina del anuncio del PC de presentar como candidatos a diputados a tres exdirigentes del movimiento estudiantil?

No tengo problema con que Camila Vallejo, Camilo Ballesteros y Carol Cariola tomen ese rumbo. Cuando uno intenta construir la vía propia de los movimientos sociales, hay que apostar por conquistar algunos espacios de poder, porque allí se toman decisiones. Sin embargo, somos críticos respecto a que este tipo de construcciones se hagan en alianza con la Concertación, porque terminan lavando su imagen y bloquean la emergencia de actores realmente transformadores.

¿Cuál es la mejor manera de plantear temas programáticos?

Es importante avanzar a una articulación programática de sectores sociales más allá de la elección presidencial. Para que eso ocurra, es fundamental que se rompan las visiones parciales y construyamos un ideario acorde con el siglo XXI.

La posibilidad de irrumpir en el sistema político y romper la exclusión de las mayorías tiene que ver con la capacidad de movilizar a la sociedad. Los esfuerzos que se han hecho hasta ahora para levantar una alternativa presidencial han carecido de una base social que los sustente. Las movilizaciones estudiantiles o regionalistas demuestran que existe un gran potencial para aumentar la base social de un proyecto alternativo.

¿En qué difiere el actual estado de cosas del que existía hace tres años?

Hoy es posible soñar con un país diferente. Hace tres años parecía normal que el lucro fuera el motor de todas las actividades humanas, incluyendo un derecho tan básico como la educación. A la mayoría le daba lo mismo que la educación fuera pública o privada, que hubiera que pagar y endeudarse para obtener educación o salud. Hoy esa mayoría se da cuenta de que las cosas pueden ser de otra manera y que los derechos básicos deben ser gratuitos y estar garantizados para todas y todos.

¿Y cómo se conecta esa coordinación con la necesidad de una nueva fuerza política?

Para romper con las lógicas de la vieja política y dar pasos hacia una nueva fuerza, esta debe darse al calor de las luchas sociales, para que su fisonomía se organice naturalmente de acuerdo a las demandas de los movimientos sociales. Hay sectores de la Concertación con los que se podría trabajar en esta línea, para construir una alternativa al duopolio del poder. No nos sorprendería que algunos de sus actores se comprometan, como ha ocurrido antes con el movimiento regionalista de Aysén o con la campaña que llevó a Josefa Errázuriz a la alcaldía de Providencia.

Cuando hablo de la generación de nuevas fuerzas políticas, no me refiero solo a sectores que se definen de izquierda. Las ideas antineoliberales y la defensa de la educación y la salud públicas como un derecho, pueden ser compartidas también por sectores de centro. Nuestra crítica a la Concertación radica en que ese conglomerado está manejado por personas que tienen conflictos de interés que los unen al sistema neoliberal. Podemos avanzar juntos con fuerzas transformadoras que tengan una visión distinta del carácter del Estado, provengan del centro o de la izquierda. El caso de Josefa Errázuriz es muy ilustrativo, porque no necesitó de las cúpulas de la Concertación para ganarle a la derecha.

¿Es partidario de una Constituyente?

Es fundamental una nueva Constitución que reemplace a la existente, ilegítima en su origen y que contiene todas las trabas que bloquean las demandas por las que luchamos. Para cambiarla necesitamos más fuerza. Una Asamblea Constituyente podría ser fácilmente cooptada por los conservadores de la Concertación y la derecha, los únicos que hoy tienen fuerza para copar los puestos en una Constituyente. Podríamos terminar legitimando una Constitución muy parecida a la del 80 con un disfraz más democrático.

Fabián Araneda
La izquierda radical hace su apuesta*

Fabián Ilich Araneda Núñez (24 años), nuevo vicepresidente de la FECH, es el hijo mayor de un matrimonio de profesores. Tiene dos hermanos y viven allegados en casa de sus abuelos. Allí habitan diez personas. Su madre ejerce la docencia, su padre vende ropa en la feria del sector y sus hermanos ven muy difícil ingresar a la educación superior por su situación económica. Además de su atracción por la política y el periodismo, Fabián Araneda es deportista. Desde hace cinco años practica karate y es ciclista. Es contrario a levantar candidaturas en las elecciones presidenciales y parlamentarias. Critica al Partido Comunista por su alianza con la Concertación y propone una universidad más comprometida con los sectores populares. La lista encabezada por Araneda —del colectivo libertario Luchar— conquistó el segundo lugar en las recientes elecciones de la Federación de Estudiantes de la Universidad de Chile, desplazando a las Juventudes Comunistas-Juventud Socialista a un tercer puesto.

Araneda lleva la izquierda en su ADN: «Mis padres fueron del PC, pero con la vuelta de la "democracia" dejaron de militar, por la separación que se produjo entre línea política y la práctica. Como universitario me convertí en libertario de raíz marxista. Aunque no he participado en una organización política, la experiencia de mis padres me ha servido para vivir este proceso a través de los colectivos juveniles, en la universidad y en mi población».

---

*   Publicado en *Punto Final*, edición no. 772, 7 de diciembre, 2012.

¿Su experiencia fuera de la universidad de qué modo le ha servido?

Desde chico tuve que trabajar, a los 15 años comencé a vender en el Mercado Persa. Mi vinculación con el mundo de los trabajadores ha sido muy concreta, he sufrido los pesares de todo trabajador. Ya como universitario, desde el tercer año, trabajo «boleteando» para un canal de televisión (CDF). Esa experiencia me ha servido para darme cuenta que con un discurso muy ideologizado cuesta llegar a las personas. Los trabajadores están en el día a día, dando peleas que escapan un poco a la posibilidad de pensar en un proyecto socialista. Sus preocupaciones son los problemas laborales, la salud, la vivienda. Muchas acciones, cuando las vamos realizando, nos permiten tomar conciencia. No es igual la realidad de un poblador que lucha por la vivienda o participa en un sindicato, que la de alguien que no ha vivido esas experiencias.

¿Cuáles son los componentes anarquistas en su formación política?

Rescato la horizontalidad en la toma de decisiones y el desarrollo individual en beneficio del colectivo. Creo en un poder popular que nos permita hacer una construcción social nueva, no estatal. Estos ideales de largo plazo no nos alejan de otros objetivos más inmediatos. Esta plataforma ideológica nos ha servido para dar una lucha política en la universidad alejados del sectarismo.

¿Cuál es el origen y composición de Luchar?

Es una coordinadora de grupos formada hace un año y medio. La izquierda radical estaba fraccionada en la universidad, cada grupo se movía por su lado. A partir de 2011 agrupamos a colectivos de base, a organizaciones como el FEL y el Colectivo Praxis (cercano al Partido Igualdad) y a diversos independientes que se sumaron al proyecto. En 2011 obtuvimos la secretaría general de la FECH y este año, rompiendo todas las expectativas, obtuvimos la vicepresidencia.

¿Cuáles son los ejes de su propuesta?

Estamos en la lucha por una educación gratuita, de calidad y pública; entendiendo que los grupos que han confluido hasta ahora en la dirigencia de la FECH han soslayado este propósito. Otro eje es la creación de un poder popular que extienda las demandas por una mejor educación a la salud y vivienda, hacia la lucha global del pueblo contra el sistema opresivo actual. Entendemos también que la universidad hay que cambiarla desde adentro, para modificar su relación con la sociedad. Cambiar la forma en que se toman las decisiones, reorientar las mallas curriculares y la gestión del conocimiento, con una administración en la que participen académicos, estudiantes y funcionarios.

El PC y la Izquierda Autónoma plantean casi lo mismo que ustedes. ¿Dónde están las diferencias?

Nos planteamos como alternativa a las JJ.CC. y a la Izquierda Autónoma, que sigue anclada en la intelectualidad académica. Cuando salen de la universidad no se incorporan al campo popular, no ingresan a un sindicato, ni están en la lucha territorial. Su propuesta se debilita fuera del espacio universitario.

El PC, a su vez, apuesta a una alianza pluriclasista: el «gobierno de nuevo tipo» con los sectores más progresistas de la burguesía, es decir la Concertación. Esa alianza no dará frutos porque un Partido Comunista, con 6% de apoyo electoral, no puede ejercer influencia importante, ni menos hegemonía en un conglomerado en que predominan los partidos de la Concertación, bien conocidos por su desempeño en el gobierno.

Los argumentos del PC son fácilmente comprensibles: unidad para derrotar a la derecha.

En Chile se ha generado una dicotomía derecha-izquierda que viene desde la dictadura. Nuestra apuesta es romper con esa visión.

El pueblo comienza a descubrir que esa gente por la que ha estado votando durante veinte años, también forma parte de la derecha económica. Nuestros padres han caído en ese esquema y terminan votando por el «mal menor». La forma de romper es apostar a los sectores en lucha contra el sistema y a la participación popular.

¿Cuál es la apuesta de ustedes para una alternativa a lo existente?

Enfocarnos en los procesos de lucha social para que el pueblo se vaya dando cuenta de las contradicciones e inequidades del sistema. Me refiero a los procesos del diario vivir, como verse obligado a usar todos los días el Transantiago o en el caso de los pescadores artesanales, sufrir una Ley de Pesca como la que se acaba de aprobar. La nueva mayoría debe generarse a partir de la vida cotidiana. El pueblo irá comprendiendo en la lucha que la gente por la que ha votado es la misma que ha profundizado este sistema aborrecible. Lo importante es que los avances se logren desde la lucha diaria, no desde arriba. Aunque todavía no tengamos la fuerza necesaria para ganar el gobierno, debemos hacer este camino desde la base.

Vienen las elecciones presidenciales y parlamentarias, ¿qué harán ustedes?

No participaremos en ese proceso, no tendremos candidatos hasta que seamos capaces de influir en la agenda política del país con la inclusión de los temas que nos interesan. Lo principal para nosotros es un movimiento social fortalecido en todos los sectores, movilizándonos por la educación, la salud, la vivienda y el trabajo en todas las regiones del país, incluyendo el territorio mapuche.

También han surgido candidaturas parlamentarias como las de las Juventudes Comunistas.

El PC tiene su estrategia, respetable pero no la compartimos. No es mucho lo que se puede hacer en el Parlamento en este momento.

Aunque Teillier haya votado contra la Ley de Pesca, está aliado con gente que la votó a favor. Al fin de cuentas, esa alianza es un instrumento que permite ganar elecciones, pero no tiene mayor incidencia para cambiar la situación existente.

¿Qué opina de experiencias como las de China, Cuba o Venezuela?
Apoyamos los procesos revolucionarios, pero mantenemos nuestra opinión crítica. Los procesos de Rusia y China han derivado en capitalismo de Estado. La Revolución Cubana ha logrado grandes beneficios para su pueblo en condiciones de aislamiento, pero su destino es incierto. La Revolución Bolivariana ha alcanzado niveles de participación popular envidiables.

Como parte de la izquierda tenemos que rescatar estos procesos sin perder nuestra capacidad crítica. Tenemos que reflexionar sobre la forma de acceder y mantener el poder y también acerca de por qué estos procesos están centrados en liderazgos personalistas.

¿Qué piensan de la violencia en la política?
Cada día somos violentados por el sistema político-social existente. La violencia es inherente a la lucha de clases y aquellos procesos de transformación que no han vivido la violencia, los entendemos incompletos. La Unidad Popular no pudo derrotar a la burguesía, y el pueblo fue derrotado.

¿Qué representan para usted Luis Emilio Recabarren o Salvador Allende?
Dos revolucionarios chilenos que vivieron y murieron por sus ideales. También recordamos a Clotario Blest, a Miguel Enríquez, al Che Guevara o al argentino Mario Roberto Santucho. Me avergüenza que un partido tan importante como el Partido Socialista, que representó los ideales de Salvador Allende y de gente aún más radical que él en esta época, tenga una matriz neoliberal: sus dirigentes sencillamente se acomodaron.

¿Cómo harán en la FECH?

Queremos aportar a su conducción con un sentido clasista. Que la FECH sea parte del proceso de lucha y que no se desligue de los trabajadores, los pobladores o de los estudiantes secundarios. Que tenga un discurso de clase respecto a temas variados, como la diversidad sexual. Las debilidades en la conducción se dan porque la FECH muchas veces ha carecido de un norte claro. Por el afán de ganar metas parciales, se dejan de lado los objetivos centrales de nuestra lucha.

¿Cuál es la relación de ustedes con los estudiantes secundarios?

Estudiantes universitarios y secundarios no hemos podido confluir hasta ahora en un proyecto común. En 2011, cuando el gobierno amenazó con quitar las becas de estudio, gran parte del movimiento universitario se bajó de las tomas; en cambio los secundarios prefirieron perder el año. Los secundarios han planteado siempre el tema de la desmunicipalización para que el Estado y la comunidad se hagan cargo de los colegios. Los universitarios no hemos sido capaces de hacer nuestra esa importante demanda.

Giorgio Jackson

El salto a la política*

Giorgio Jackson Drago (26), nacido en Viña del Mar, es ingeniero civil industrial y exdirigente estudiantil. Líder del movimiento político Revolución Democrática. Fue presidente de la Federación de Estudiantes de la Universidad Católica de Chile (FEUC) en 2011 y destacó ese año como vocero de la CONFECH. En las elecciones parlamentarias de 2013 fue electo diputado de la república por el distrito Santiago Centro. La entrevista se realizó cuando era candidato a diputado.

¿Cuál es su balance del movimiento estudiantil?

En 2011 nos tocó asumir una responsabilidad cuando la situación era explosiva, luego de procesos previos que confluyeron en una fuerza que desbordó la situación política. Se abrió una caja de Pandora y cambió el paradigma desde el cual se observan el modelo educativo y los derechos sociales.

Los que hegemonizan el poder han construido una respuesta ante esta demanda transformadora. Eso nos obliga a asumir el futuro con una mejor articulación. Es fácil oponerse, pero construir una alternativa es un desafío mayor. Esa realidad es la que enfrentan ahora el movimiento estudiantil y otros movimientos sociales. Una de las tareas principales de 2013 será presionar para que en los próximos cuatro años el gobierno y el Congreso tengan una agenda

---

* Publicado en *Punto Final*, edición no. 777, 22 de marzo, 2013.

explícita respecto a las transformaciones necesarias para terminar con las injusticias.

Hay distintas visiones sobre los logros alcanzados por el movimiento estudiantil.

La situación educativa es hoy la misma de 2010. Se corrigieron algunos abusos: la banca ya no está metida dentro del sistema educacional, los defensores del lucro están sumergidos y la carga crediticia ha disminuido; pero las medidas son aspirinas, parches con alguna dosis de penicilina. Lo que sigue faltando es cirugía mayor.

También tenemos que considerar la victoria cultural, asociada al relato de una lucha que es intergeneracional; que se relaciona con los derechos sociales, el Estado y el mercado. Es decir, cómo esos derechos sociales deben garantizarse en una sociedad democrática para que existan reales oportunidades para todos.

La historia está marcada por explosiones sociales y la conquista de los derechos no ha sido un regalo, sino el fruto de muchos esfuerzos colectivos desde los orígenes del movimiento obrero hasta las nuevas reivindicaciones por la preservación de los recursos naturales, el desarrollo autónomo de las regiones o los derechos de la mujer. Esas y otras conquistas han sido resultado de muchas luchas y ahora se están encendiendo nuevas alertas para hacer sustentable la producción o generar riqueza sin destruir los recursos naturales y el medioambiente.

¿Ha sido complicada su transición desde la política universitaria a la política nacional?

Es un salto difícil, pero gracias a la inteligencia colectiva y a la fuerza que está detrás de mi candidatura ha sido posible. Los dirigentes estudiantiles tuvimos un aprendizaje gigantesco, con una experiencia corta e intensa, que nos habilita para asumir responsabilidades de representación popular. Soy parte de una alternativa

viable y cercana a gente que hoy tiene rabia, desconfianza y deses-
peranza frente a la situación política.

*¿Qué marca la diferencia entre lo que ustedes hacen y lo que antes hicieron
otros?*
Nuestro interés está centrado en cambiar la realidad. No queremos el poder por el poder, sino contribuir a una transformación.
Nuestra práctica tendrá que ver con transparencia, con la no permanencia indefinida en cargos y con el cumplimiento de los ejes
programáticos.

¿Qué le dice la gente con la que ha conversado?
La opinión mayoritaria sobre nuestra candidatura es positiva. Nos
dicen «es bueno que los jóvenes entren a cambiar las cosas». Men-
cionan el tema de ser joven, y creo que es un valor, pero se necesita
además la férrea voluntad de cambiar y de ejercer nuevas prácticas
políticas.

Hay personas que a pesar de ver con buenos ojos al movimiento
estudiantil, les cuesta entender este paso a la actividad política.
Tenemos que cargar con el costo de la desconfianza que existe
hacia los políticos en general. Ese cambio de apreciación no se dará
de un día para otro, es un proceso que nos permitirá ganar con
hechos la confianza de los electores. Yo mismo he sentido desconfianza y precisamente me estoy postulando porque quiero dejar de
ser un espectador. Quiero ser un constructor de una realidad distinta. Pido una oportunidad para que los electores se abran a este
camino de construcción de confianzas. Para que tengan un canal
para ser representados.

Junto a otros y otras compañeras fundamos Revolución Democrática (RD) y me siento parte de lo que hizo nacer este movimiento.
Nuestra candidatura nace de un impulso local, de la organización
territorial de RD en Santiago, pero es mucho más; constituye una
invitación a ciudadanos y ciudadanas que no pertenecen a movi-

mientos políticos, gente de a pie, para que participen en esta experiencia.

Ustedes están conversando con la Concertación, el Partido Comunista y otros sectores. ¿Cómo piensan entablar esa relación sin ser asociados a la «clase política»?

Hemos conversado con todos los bloques dentro y fuera de la Concertación. Colectivos pequeños, grupos universitarios, expresiones locales y regionalistas. En ese contexto optamos por disputar espacios en el marco de primarias opositoras. Hay actores que toman otras estrategias, todas son respetables; la nuestra es intentar los doblajes posibles, para terminar con el sistema electoral que hoy impide una democracia plena en Chile. Queremos derribar el binominal. Eso implica generar primarias amplias en distritos y circunscripciones.

Este pacto electoral, que incluye a la Concertación, ¿lesiona su pretensión de representar lo nuevo?

Tengo 26 años y carezco de experiencia política más allá del movimiento social. Entrar a la política tiene costos y si ese costo está asociado a conseguir un espacio para llegar al Congreso, estamos dispuestos a pagarlo. Esta es para nosotros una manera de asumir las demandas ciudadanas y no significa que nos supeditemos a lo que digan otros. Más bien estamos instalando una alternativa que quiere disputar un espacio dentro de un pacto electoral parlamentario para construir una mayoría que termine con el actual modelo político.

¿Comparte una sensibilidad común con otros candidatos jóvenes?

Mantengo muy buenas relaciones con otros jóvenes que están optando por ingresar a la política y espero que a todos nos vaya bien. El tema generacional está condicionado por historias de vida. Las personas que tenemos menos de 35 años no fuimos marcados, como las generaciones previas, con el trauma de la dictadura y lo que significó vivir ese periodo. Se dice que somos una generación sin miedo y creo que efectivamente lo somos. Una muestra de eso fue el movimiento estudiantil de 2011. Tenemos otros horizontes que no están limitados a «la medida de lo posible».

¿Cómo se proyecta RD?

Nos llamamos Revolución Democrática porque no basta con reformas. Tenemos que partir de cero con una nueva Constitución generada mediante un proceso participativo que es una Asamblea Constituyente. Eso significa apostar a que exista un nuevo proceso político, social y económico en Chile; que requiere una reflexión profunda de toda la ciudadanía para ponerse de acuerdo en las normas que nos regirán en democracia; porque lo que ahora existe es una Constitución heredada de la dictadura. No habiendo sido partícipes de un proceso previo, queremos crear nuevas reglas que normen el juego político de aquí en adelante. En el horizonte está una institucionalidad participativa, que garantice derechos básicos a aquellos que están expuestos al abuso del mercado y al abandono ante situaciones de injusticia.

La dinámica del periodo que viene es menos de estructuras jerárquicas partidistas y más de un movimiento social líquido, en el que las demandas se irán expresando a través de grupos de presión sin estructuras muy fijas y generadores de empatía ciudadana, que no adquieren necesariamente expresión política concreta. Representar a esos movimientos es uno de los propósitos de RD, entendiendo que la sociedad se está moviendo de una manera distinta. La gente está empezando a empoderarse y el actor social está muy presente; pero no tiene clara vocación de poder. Quienes tenemos esa vocación debemos asumir esta nueva lógica, que nos exige estar en constante vínculo con estas nuevas formas de organización social.

Hoy estamos mal porque existe un sistema político social y económico neoliberal, que es un organismo vivo e interconectado, que constituye la base de los abusos a los que me he referido. Antes de plantearse grandes objetivos, RD está empeñada en poner la lupa sobre los abusos que existen, para generar una conciencia mayoritaria en la ciudadanía sobre estos problemas. Una vez que logremos este objetivo inicial, buscaremos que en Chile se suscriba un nuevo contrato social, originado de una manera participativa. Seguramente la derecha se va a oponer, pero la mayoría está de acuerdo en terminar con esos abusos.

Hoy estos derechos se asocian con reivindicaciones de la izquierda, pero Chile está muy corrido hacia la derecha y en realidad estas demandas pertenecen a toda la sociedad. Después que resolvamos estos problemas básicos, habrá espacio para que cada sector de esta diversidad mayoritaria ocupe su posición, desde la izquierda a concepciones más socialdemócratas o centristas. La propia derecha podría también diversificarse entonces en expresiones más liberales o más conservadoras. Lo que vemos hoy es una discusión polarizada entre una derecha muy neoliberal en lo económico y conservadora en lo social, y una tibia opción de centro, que ni siquiera se asemeja a la socialdemocracia europea.

¿Qué esperan ustedes del próximo presidente o presidenta de Chile?

Esperamos tener muchos puntos de encuentro en un eventual gobierno de Bachelet, para que podamos avanzar en una agenda común sustentada en una mayoría parlamentaria comprometida con la transformación del país. Apostamos a que las opiniones diversas se respeten y a que se entienda el punto de vista de RD. Pondremos empeño en que la gente no vote solo por una cara o por un nombre; que presione y fiscalice para que los compromisos se cumplan. Eso vale para nuestra candidatura y para todas las demás.

Diego Vela

La juventud exige un nuevo Chile*

Diego Vela Grau (25), presidente de FEUC, es ingeniero comercial con mención en economía y administración en la pontificia Universidad Católica de Santiago y desde enero, está haciendo un magíster en Economía. Amante de la naturaleza y del deporte, Vela se interesa sobre todo en los temas de pobreza y desigualdad. Trabajó en una iniciativa de Naciones Unidas contra el hambre, propiciada por la FAO, y ha apoyado a pobladores sin casa para obtener viviendas definitivas. Pertenece a Nueva Acción Universitaria (NAU), movimiento político de centroizquierda que solo existe en la UC y que gobierna la Federación de Estudiantes desde 2008.

Su objetivo principal como presidente de la FEUC es apoyar la democratización de la vida universitaria y materializar una reforma educacional profunda. Fuera de la universidad, los exmilitantes de la NAU han ingresado a diversos partidos, buscando cambiar sus prácticas o creado nuevos referentes, como Revolución Democrática, que encabeza Giorgio Jackson, expresidente de la misma federación. «Nuestro norte es democratizar la universidad, para que deje de estar encerrada en sí misma; contribuyendo a los cambios estructurales que necesita el país, como por ejemplo la construcción de un nuevo modelo económico, social y político en sintonía con el medioambiente, con una mayor igualdad y con el reconocimiento de la diversidad en la sociedad chilena», dice Vela.

---

* Publicado en *Punto Final*, edición no. 780, 3 de mayo, 2013.

Ingresó a la UC porque le atrae lo interdisciplinario. Le interesaba por igual la sociología y la economía. Finalmente se quedó con esta última, porque la carrera permite comprender mejor las razones de la segregación social. «Estudiando nos damos cuenta que no hay evidencia empírica que justifique las desigualdades existentes. Al comprender como se mueve la economía uno puede entender mejor el impacto que esta genera en la política y en la sociedad».

Diego Vela dice que los ciudadanos tienen el poder de definir el futuro del país y que no están predestinados fatalmente a aceptar un sistema político, social y económico que le fue impuesto a Chile por la fuerza. Agrega que ahora la ciudadanía está más consciente de lo que quiere, que ha perdido el temor y la ingenuidad y que, si algo cambió en el país, es la tendencia a la indiferencia.

Pronostica que los movimientos sociales no descansarán hasta que el sistema político comience a responder a la ciudadanía, porque la gente ha comprendido que la democracia no se agota en el acto de votar cada cuatro años. Constata que las personas están ahora más dispuestas a convertirse en activos protagonistas de las transformaciones que se necesitan para hacer de Chile un país más igualitario. «Seguiremos marchando en las calles, porque entendemos que con la movilización y acción cotidiana vamos generar los cambios que necesitamos», dice.

A los economistas no les ha ido muy bien en Europa con sus predicciones.

Eso sucede cuando la economía se asume como una verdad irrefutable y no como un insumo más dentro de un conjunto de apreciaciones. Nosotros tenemos el poder de definir el futuro que queremos, no estamos predestinados fatalmente a aceptar un modelo impuesto. El sistema debe responder a nosotros y no nosotros al sistema. Detrás de las cifras hay seres humanos que están regidos por intereses, subjetividades y sentimientos. Las crisis son el resultado de no entender en buena forma nuestra humanidad y nuestra condición de personas insertas en una sociedad.

¿Qué emplazamiento hace a la nueva ministra de Educación?

Vemos una maniobra que busca presentar a la ministra Carolina Schmidt como muy distinta a sus antecesores. No es política como Lavín y Bulnes, ni tecnócrata como Beyer. Tuvo alta aprobación en su antiguo cargo y, al parecer, posee voluntad de diálogo. Hay que ver cómo trabaja; no podemos cerrarle la puerta antes que empiece; pero cuesta imaginarse cómo ejercerá algún liderazgo teniendo detrás al mismo subsecretario (Fernando Rojas) que tuvieron Lavín, Bulnes y Beyer, y que ha frenado todas las reformas de fondo que se han planteado.

También cuesta pensar cómo ella trabajará con un presidente de la República sobreideologizado, que ha llegado a mentir diciendo que terminar con el lucro sería terminar con los colegios particulares subvencionados. El presidente Piñera entiende la libertad de enseñanza restringida a los beneficios que reciben los empresarios, planteando una y otra vez la prevalencia de la libertad de enseñanza por sobre el derecho a la educación.

Queremos instituciones de educación iguales para todos, en las que no se seleccione a los alumnos, como vemos en muchos colegios particulares subvencionados, por sus creencias religiosas o por el nivel social o cultural de su familia. En Chile el Estado establece discriminatoriamente quiénes merecen una educación mejor. A cuarenta años del golpe de Estado, tenemos un modelo económico social y político que no mira a las personas como iguales en el acceso a sus derechos.

El gobierno culpó a la Concertación y a Bachelet de la caída del exministro Harald Beyer. ¿Qué opina?

Esas afirmaciones reflejan la desesperación de un gobierno que no repunta en las encuestas. Cuando uno examina su política económica descubre que esta administración está sobrecalentando la economía, para que en los próximos cuatro años todos los índices macroeconómicos vayan a la baja y los indicadores positivos sean perjudicados por esta ambición del gobierno de terminar bien evaluado.

El ministro Beyer salió de su cargo porque pasó por sobre la ley y porque existe una ciudadanía activa que se ha movilizado durante estos años para impedir que se vulneren sus derechos. También es una señal para que los parlamentarios de todas las bancadas dejen de priorizar intereses personales o de partido por sobre los de la ciudadanía.

El presidente de Renovación Nacional, senador Carlos Larraín, también se desenfoca al declarar una guerra. Demuestra lo perdida que está la derecha al intentar resolver los problemas con una lógica de fuerza, porque la razón está de nuestro lado. Estamos demostrando que somos personas responsables, que no agitamos consignas baratas, sino propuestas que tienen verdadero contenido.

¿Cómo debería enfrentar el próximo gobierno la crisis de la educación?

En cuatro años no se pueden realizar todos los cambios que queremos para el país. Pero estamos convencidos de que al menos en educación podemos descerrajar los candados que impiden una reforma profunda. Las distintas personas que aspiran a gobernar deben plantear con sinceridad y transparencia sus posturas sobre educación, diciendo que entienden por gratuidad o por lucro. Estamos más conscientes de lo que queremos y hemos perdido la ingenuidad. Si algo cambió en el país, es que el ciudadano no volverá a ser indiferente. Sabe que los cambios dependen de sus propias acciones destinadas a lograrlos. Esto supone que los movimientos sociales no descansen hasta que rompan esta lógica de delegación de poder, para que el sistema político comience a responder a los intereses de la nación. La democracia no termina en una elección; ahora sabemos que convertidos en activos protagonistas poseemos la capacidad de generar cambios.

¿Se podrán hacer cambios profundos en lo educacional sin tocar también el sistema político o la economía?

La educación es prioritaria, porque en ella se expresan de manera extrema las desigualdades. Constituye el principal vehículo de desarrollo del país y el factor primordial de integración y comprensión de la sociedad que necesitamos. En educación se reflejan con particular crudeza problemas que también se repiten en áreas tan importantes como la salud o la vivienda y el entorno urbano, donde también quedan de manifiesto los abusos de quienes más tienen.

Estas realidades responden a la arquitectura institucional diseñada en 1980, que fue instaurada contra la voluntad del país. Los cambios en la educación no se pueden separar de la realidad que vivimos y de esta institucionalidad que impide avanzar.

¿Se expresará en la elección presidencial el 80% de personas que han apoyado al movimiento estudiantil?

Los candidatos o candidatas presidenciales deberán considerar lo que los movimientos sociales están planteando. Si insisten en negar la realidad, lo único que van a lograr es que la ciudadanía se exprese con más fuerza en las calles. La movilización social es como una bola de nieve, no se va a detener hasta que logre resultados. El sistema político tiene ahora la oportunidad de responder a un pueblo que quiere ser escuchado. Hay regiones enteras en que sus habitantes no pueden acceder al agua, porque se prioriza a ciertas empresas mineras y a sus ganancias por sobre las necesidades de los seres humanos.

Ahora hay más conciencia sobre los asuntos que nos afectan como sociedad y cada vez comprendemos mejor que no vamos a resolver nuestros problemas de modo individual. Esa realidad se está manifestando en las marchas por el agua, contra la central Barrancones, Hidro Aysén o Freirina.

Naschla Aburman
Seguiremos en la calle, pero con propuestas*

Naschla Aburman, presidenta de la FEUC, afirma que no se ha entendido la profundidad de la discriminación que sufren las regiones. Ella es de Linares, tiene 24 años, practica danza, estudia con crédito universitario quinto año de Arquitectura y segundo de Pedagogía Básica. Antes de ser electa presidenta de FEUC fue presidenta del Centro de Alumnos de Arquitectura de la Universidad Católica.

Le interesa ir más allá de aquello que la beneficia individualmente. Aportar a los demás le hace sentir bien. Impartió clases en la organización Crece Chile, que recluta voluntarios para la enseñanza. En un preuniversitario de La Pintana descubrió su vocación pedagógica. «Inicialmente dije "me voy de arquitectura, me dedico a esto y se acabó". Pero también me encanta la arquitectura y me faltaba poco para terminar. Como en la UC es posible hacer carreras paralelas, me puse a estudiar las dos. Ahora pienso que una puede hacer su aporte a la sociedad desde cualquier profesión si se lo propone».

Afirma que un gran anhelo de transformación estremece a la sociedad chilena. La presidenta de la Federación de Estudiantes de la Universidad Católica es partidaria de una nueva Constitución Política y de cambiar radicalmente el modelo de educación. Votará el 15 de diciembre marcando AC e invita a otros hacer lo mismo,

---

*   Publicado en *Punto Final*, edición no. 795, 6 de diciembre, 2013.

porque cree que hay que aprovechar todos los espacios de participación, incluyendo los electorales.

Postula que el movimiento estudiantil y otros movimientos sociales sigan movilizados y en la calle. Pero que esas movilizaciones deben estar llenas de contenido y propuestas. Considera positivo que haya cuatro diputados provenientes del movimiento estudiantil, porque ayudan a que la mirada de los estudiantes esté presente en el Congreso, aunque ellos no representen ni influyan en las decisiones que adopte el movimiento.

Dice que le gustaría que el próximo gobierno se atreva a cambiar el actual modelo político y económico, asumiendo que existe una crisis, porque hay derechos sociales básicos que no están garantizados en Chile.

Hasta ahora la NAU había ganado con holgura la FEUC. ¿Qué pasó este año?

Muchas cosas influyeron. Algunas se refieren al contexto nacional y hasta generacional. Hay mucha resistencia entre los alumnos a institucionalizarse o a depositar su confianza de manera permanente en una alternativa. Muchos piensan que cuando adhieren a un movimiento político, debilitan sus convicciones personales. En primera vuelta hubo muchas opciones y votó poca gente. En segunda vuelta subimos significativamente. Además, hay que considerar que el Movimiento Gremialista (la derecha) siempre ha tenido un voto duro de un 40% o 45%.

¿Cuáles son los logros de la NAU en la conducción de la FEUC?

Las razones por las que surgimos, siguen presentes: inconformidad, deseo de avanzar hacia una sociedad distinta y necesidad de construir una universidad para todos. Uno de los mayores aportes ha sido trazar el camino hacia una nueva universidad y un nuevo estudiante. Los títulos póstumos entregados este año a los alumnos que fueron víctimas de la dictadura son un avance increíble.

El próximo año tendremos un nuevo rector. Su elección ha sido hasta ahora un proceso hermético y queremos transparentarlo, conociendo quiénes son los candidatos y cuáles sus programas.

¿Qué correcciones deben hacerse en la conducción del movimiento estudiantil?

Desde 2006, el movimiento estudiantil ha ampliado su conciencia. La seriedad con que estamos hablando de educación es un motivo de orgullo. La sociedad completa debe empoderarse y asumir que esta no es solo la lucha de los estudiantes. El gobierno de Piñera ha implementado medidas superficiales en educación que se han limitado a profundizar el modelo económico y eso ha mantenido las desigualdades. En este contexto, ha sido grato comprobar que después de tres años de movilizaciones, convocamos a una marcha, llegan 100 mil estudiantes y que todavía tenemos en la opinión pública una aprobación de más de 70%.

¿Qué forma debiera asumir la movilización en esta fase?

Tenemos que seguir en la calle. Cuando nos movemos se habla de educación y si dejamos de hacerlo, no pasa nada. Seguiremos movilizándonos y las acciones que emprendamos tendrán más contenido y sentido que nunca. Ya hemos demostrado que somos capaces de reflexionar sobre educación, sobre los problemas del país y también de hacer propuestas.

No somos solo los estudiantes. También están los profesores y las familias que se endeudan con una vida de sacrificio para pagar un crédito. Mientras no consigamos una reforma profunda, seguiremos condenados a sufrir una educación pública que se hizo para aquellos que no tienen más opción que aceptarla. En Chile hay una educación pública para los que no pueden pagarla, confeccionada por los que pueden pagar educación privada; un transporte público para los no tienen auto, pensado por los que tienen autos, y un sistema de salud para quienes no tienen ISAPRE, inventado por los que sí tienen ISAPRE.

Hay cuatro parlamentarios que vienen del movimiento estudiantil. ¿Qué espera de ellos?

Es positivo, ellos estuvieron en la calle y saben cuáles son nuestras demandas. Pero ahora no son parte del movimiento estudiantil. Siguieron sus caminos y en esa línea son libres de hacer lo que les parezca. Han manifestado un compromiso con nuestra propuesta sobre educación, y en ese sentido yo espero que cumplan sus promesas.

¿Qué espera del próximo gobierno?

El próximo año veo una oportunidad de concretar nuestras demandas. Creo que el nuevo gobierno iniciará un proceso de reformas, pero este debe realizarse con presencia de todos los actores de la educación y especialmente, con los que hemos puesto el tema sobre la mesa. La transformación no pueden hacerla solo expertos con miradas sesgadas desde la economía, el derecho o la política y sin considerar la experiencia práctica de quienes viven el día a día del sistema educativo.

Me gustaría que el nuevo gobierno se atreva a enfrentar la crisis de un sistema económico, social y político que está perjudicando a la mayoría del país. Hay derechos sociales básicos que no están siendo garantizados y el gobierno debe entender la legitimidad del gran anhelo ciudadano de transformar la sociedad. El país no debe ser para un puñado de empresarios o para aquellos que ven la política como un negocio personal. El gobierno debe ser ejercido con activa participación de las personas afectadas por las medidas que se toman.

¿Usted viene de una región, qué piensa del centralismo?

Entre los que ejercen el poder no hay conciencia de los problemas regionales. La educación regional no mejorará porque instalen una sede universitaria más, cuando existen universidades regionales que no pueden pagar ni la cuenta de luz. La solución tampoco pasa porque aumenten las becas ni porque se extienda el plazo a los deudores de créditos universitarios. Pasa por una solución integral, que permita acceso igualitario a una educación de calidad, sea cual sea el lugar de Chile en que se habite.

Esta no es una discusión ligera y no afecta solo a las universidades y liceos. También ocurre con el transporte público, que es carísimo en regiones. Todas las soluciones vienen de Santiago, o a lo más se crean «sucursales» de la capital, con encargados regionales implantados desde el centro para que informen al centro lo que está pasando en la región. En la gestión regional falta la visión de personas que conozcan el problema desde la vivencia local. Las ciudades de provincias no solo son lugares que se visitan en campaña electoral. Ahí también habitan personas que esperan ser representadas.

¿Cuál es su posición sobre una nueva Constitución Política?

Soy partidaria de cambiar la Constitución y de terminar con el sistema electoral binominal. Estas son medidas indispensables si queremos producir cambios profundos en la sociedad. Pero no solo porque tengamos los votos y el quórum se van a hacer las cosas, ni porque no los tengamos se van a dejar de hacer. Hay que incidir en las decisiones del gobierno y el Congreso. No basta ponerse una chapita que diga AC, hay que tener voluntad de luchar por esa causa. Mientras más personas en distintos espacios trabajemos por una nueva Constitución, más posibilidades tenemos de lograrla. Marqué AC en la primera vuelta y pretendo marcar también AC en la segunda.

*Si existe una mayoría que se manifiesta a favor de un cambio profundo
en el país, ¿por qué esa voluntad no pesa en las decisiones del gobierno y
Parlamento?*

Además de otros factores ya enunciados, me parece importante
considerar el papel que tienen en Chile los medios de comunicación
que hegemonizan los mensajes en televisión, radio y prensa. Por
regla general desinforman o informan de una manera muy sesgada.
Tienen una responsabilidad esencial en lo que piensa cada uno de
los miembros de nuestra sociedad sobre los temas que se debaten,
y ellos definen selectivamente lo que cuentan, cómo lo cuentan y
también lo que callan. La mayor parte de los medios masivos tienen una posición conservadora, no están comprometidos con los
cambios que la mayoría del país exige. Con los medios alineados de
manera abierta y también encubierta con los que ejercen el poder, es
difícil avanzar en los cambios.

El movimiento estudiantil ha vivido en carne propia la experiencia de ver cómo se caricaturizan sus demandas, cómo se distor-
sionan sus propuestas y cómo se criminalizan sus marchas. Es muy
valioso ver que a pesar de todos estos inconvenientes, seguimos
convencidos de lo que estamos haciendo.

Takuri Tapia

Solo movilizados construimos futuro*

Takuri Nahuel Tapia Muñoz (24), presidente de la Federación de Estudiantes de la Universidad de Santiago (FEUSACH), está en proceso de titulación de la carrera de Administración Pública y realiza un magíster de Políticas Públicas en la Universidad de Santiago. Estudió en un colegio particular subvencionado de Puente Alto, del que fue vocero durante la «revolución de los pingüinos» de 2006. Participa en un colectivo de izquierda, «Somos USACH», que alienta construir un «proyecto revolucionario de transformación anticapitalista», apelando a la conciencia y politización de estudiantes y trabajadores. Su padre viene de la población La Victoria y su madre de la Villa Sur, ambas de la comuna Pedro Aguirre Cerda, donde Takuri nació en 1989. «Tengo parientes que tuvieron que salir del país —dice—, tíos que pelearon contra la dictadura. Eso me marcó fuerte».

Takuri Tapia sabe que 2014 será un año complejo para el movimiento estudiantil. Michelle Bachelet vuelve al gobierno pero esta vez con el Partido Comunista, que constituyó factor clave en la movilización estudiantil de 2011. Asegura que los estudiantes volverán a movilizarse, pero tendrán que afinar su discurso, construir nuevas alianzas y combinar su presencia en la calle con el diálogo y la negociación para lograr resultados concretos.

---

* Publicado en *Punto Final*, edición no. 796, 20 de diciembre, 2013.

¿El colectivo político al que pertenece tiene vinculación con referentes nacionales?

Somos un grupo político estudiantil que no actúa con una perspectiva exclusivamente gremial. Junto a otros colectivos de la USACH y de otras universidades de Santiago y regiones, intentamos vincularnos con los sindicatos que han estado en huelga en los últimos meses, como parte de una práctica permanente, destinada a crear espacios de poder desde la base social. El actual sistema político se encuentra agotado. Hay una cierta renovación de las caras, pero no de los proyectos. Existe también una incapacidad de la izquierda con vocación transformadora y revolucionaria de construir una fuerza para disputar el poder, aunque sea a largo plazo.

Mientras no mostremos al pueblo un proyecto claro, no avanzaremos. La mayoría de los militantes de nuestro colectivo no votó, pero sabemos que hay que avanzar en la construcción de un proyecto político a mediano plazo. No basta con no votar, hay que explicar por qué estamos en esa posición. Como movimiento estudiantil, somos independientes de las opciones electorales de otras organizaciones que tienen presencia entre los estudiantes, como el PC o la Izquierda Autónoma, que apostaron a presentar candidatos provenientes del movimiento estudiantil.

¿Qué opina sobre la dispersión de la izquierda?

Apostamos por la unidad, que vaya más allá de la perspectiva estudiantil universitaria o secundaria. Nos estamos acercando a los trabajadores y también a aquellos que han levantado candidaturas presidenciales, como los que apoyaron a Marcel Claude o Roxana Miranda. Pero mientras no exista una organización con fuerte influencia entre los trabajadores y un proyecto que incorpore de manera concreta y armónica las demandas populares, no tendremos resultados. La izquierda debe hacerse una autocrítica por su ausencia en los conflictos que surgen en la sociedad y asumir nuevos temas que se debaten, como la diversidad sexual o el deterioro del medioambiente.

Usted criticó a los estudiantes secundarios, ¿por qué motivo?

Los estudiantes debemos aprender a superar nuestras diferencias a través de la discusión. La ACES, la CONES y los «cordones secundarios», debieran agruparse en una sola organización para potenciar su fuerza. En la CONFECH hay mucha diversidad e incluso están representados los Gremialistas. Pero no por eso vamos a quebrar la organización. Muchas veces hay más elaboración política en los secundarios que en los universitarios. Pero malas experiencias, como el engaño que sufrimos en 2006, los hace desconfiar, incluso entre ellos mismos.

Dos mujeres han sido electas en la FECH y la FEUC. ¿Eso marca una tendencia?

Más allá de si son mujeres me importa su postura política. Melissa Sepúlveda tiene una perspectiva feminista. Ella representa una FECH más de izquierda, lo que facilita el trabajo para coordinar acciones y elaborar políticas entre ambas federaciones. Naschla Aburman enfrenta una tarea más difícil, porque en la UC la derecha es fuerte.

La USACH tiene una composición socioeconómica distinta a las universidades de Chile y Católica. A ella acceden jóvenes de menos ingresos. Esto hace que exista una mayor sensibilidad del alumnado con el discurso de izquierda. Algo parecido ocurre en muchas universidades públicas regionales, como las de Atacama, Arturo Prat de Iquique o de La Serena, que viven los problemas derivados de la falta de financiamiento.

¿Cuáles son las prioridades del movimiento estudiantil?

Lo primero es solidificar nuestra organización y avanzar en la participación dentro de la universidad. En los últimos dos años pusimos *play* a todas las demandas de 2011 y postergamos el debate. Ya hay tres generaciones nuevas en la USACH que no estuvieron en esa discusión, y eso nos obliga a revitalizar el intercambio de ideas. También hay que relacionar lo nacional con lo que sucede al interior de los centros de estudio. La demanda por democratizar nuestras universidades sigue pendiente. Estamos hablando ahora de un claustro triestamental (académicos, estudiantes y funcionarios) que comenzará a discutir el reemplazo de la institucionalidad creada por la dictadura.

Sabemos que las condiciones han cambiado, que la perspectiva de los estudiantes es otra y que la posición de los demás miembros de la comunidad universitaria también. Cuando iniciamos la asamblea triestamental de la USACH, un funcionario recordó que la última asamblea de ese carácter en nuestra universidad se efectuó el 8 de septiembre de 1973, hace más de 40 años. Nuestro objetivo es continuar con la multisectorialidad en nuestra lucha; porque de nada sirve que sigamos planteando alternativas respecto al movimiento estudiantil, sin tener un correlato con lo que hacen los trabajadores o los pobladores. No es que intentemos utilizar sus movilizaciones. Queremos evitar que nos aplasten a todos; porque con los estudiantes movilizados será más fácil que los otros sectores actúen y con ello crecerá la posibilidad de que el conjunto de las demandas sean escuchadas.

Los estudiantes nos hemos convertido en un sujeto político importante, tanto por nuestro discurso como por nuestra capacidad de movilización. Pero no basta con salir a la calle, también necesitamos victorias. Para conseguirlas, a partir de 2012 estamos generando lazos con otros sectores sociales que quieren terminar con este modelo injusto. Mediante nuestra movilización tenemos que conseguir resultados concretos y grados crecientes de unidad para no quedar aislados. No queremos que otra vez la gente sienta que perdió meses de movilización sin conseguir nada.

En 2014 tendremos nueva presidenta de la República. ¿Cuál será la relación con ella?

Es difícil que logremos todo de una vez. Queremos discutir con el próximo gobierno los temas prioritarios, como la educación gratuita concebida como un derecho social y no como una concesión de los poderosos. Nuestra mirada es distinta de aquella perspectiva funcional a los intereses del mercado. Busca impulsar un proyecto alternativo de país que abra oportunidades a las personas. Muchos compañeros que egresan no tienen un campo laboral o este es muy reducido. Aunque deseen retribuir con sus conocimientos a la sociedad, el modelo económico existente se los impide.

La ambigüedad del programa de Michelle Bachelet nos obliga a estar atentos a lo que suceda en la práctica. En este contexto también tendremos que dar la lucha ideológica en nuestras instituciones, porque la Nueva Mayoría todavía es fuerte en la educación superior y muchos rectores de las universidades públicas simpatizan con ese conglomerado. Sabemos que solo movilizados podremos construir nuestro futuro. Sectores que en 2011 estuvieron movilizados, como el PC y la Concertación, ahora podrían restarse o contenerse. Es un punto que tenemos que consideran en nuestra estrategia. Si tenemos una postura clara y buenos argumentos para interpelar al gobierno y al Congreso, podremos ejercer de mejor manera presión en las calles.

¿Qué opina de una nueva Constitución?

Muchos somos contrarios a la Constitución que nos rige; pero no basta con proponer una nueva, sin asegurar previamente que en ella quedarán plasmados ciertos derechos que son demandados por la sociedad. Escuchamos hablar de Asamblea Constituyente, de reformas constitucionales y en algunos casos se apela al Congreso. Se ha perdido la brújula respecto a cuál es la necesidad de fondo que justifica una nueva Constitución.

Si levantamos la propuesta de Asamblea Constituyente será para ganar; y hoy, con la correlación de fuerzas existente, el resultado sería desfavorable para los intereses del pueblo. Corremos el peligro de que otros decidan sin nuestra participación, que todo lo resuelvan los parlamentarios o representantes designados por los mismos personajes que sostienen el actual sistema político y económico.

¿Cuáles debieran ser los contenidos de una nueva Constitución?

En primer lugar, recoger los intereses de todos los sectores sociales postergados y pasar de un Estado subsidiario a uno garante, que asegure los derechos sociales básicos. También debe incluir la preservación del medioambiente y de los recursos y riquezas naturales, como el agua, el cobre o el litio, y priorizar las fuentes de energía limpia, que necesitamos para desarrollarnos sin dañar nuestro bienestar.

¿Cómo debe resolver una Constitución el derecho a la participación?

En la Constitución heredada de la dictadura no existe el plebiscito vinculante, los espacios de participación solo son decorativos; porque quienes intervienen no toman decisiones ni tienen ingerencia en la manera como se distribuirán los recursos. Si no se consagra efectivamente el derecho a huelga, los trabajadores seguirán temerosos de movilizarse y carecerán de una voz fuerte para defenderse de los abusos. Mientras continúe vigente esta legislación laboral represiva y esta institucionalidad heredada de la dictadura, los estudiantes seguiremos luchando para cambiar este sistema injusto.

Félix Calderón

Nuestra prioridad es educación estatal y gratuita*

Félix Calderón González (22), estudiante de Historia y Geografía, y presidente de la Federación de Estudiantes de la Universidad Metropolitana de Ciencias de la Educación (Umce). Es militante del Movimiento de Izquierda Revolucionaria (MIR) desde los 16 años.

¿Cómo debe actuar la CONFECH en este contexto?

El movimiento estudiantil está contra las lógicas neoliberales en educación. En ese sentido, la tarea urgente es recuperar la unidad de acción, no solo para demandar nuestros derechos, sino también para proponer un nuevo proyecto nacional de educación. El modelo instalado por la dictadura debe ser reemplazado por otro discutido por la comunidad, que cubra las necesidades reales de la población.

¿Qué piensa de las recientes elecciones presidenciales?

No voté y si hubiera votado, habría anulado. Tres candidaturas presidenciales se proclamaron de izquierda y contrarias al modelo neoliberal, pero demostraron que el sector está muy fragmentado. Esta disgregación nos pone ante la necesidad de unir a la izquierda en torno a un programa que no sirva solo para postular a elecciones, sino que sea útil para construir poder popular alternativo.

---

*   Publicado en *Punto Final*, edición no. 797, 3 de enero, 2014.

¿Cuál es la deuda histórica de la izquierda?

La primera deuda de la izquierda es no haber reconstruido en estos
años su unidad programática para resistir la ofensiva neoliberal y
la «vuelta de chaqueta» de sectores de ella. Hablo de los socialistas
«renovados», que han reforzado la ideología dominante durante
los gobiernos en democracia. El viraje que a su vez ha dado la dirigencia del PC es otro ejemplo de lo mismo. La urgencia de quienes
nos hemos mantenido dentro de la izquierda es reconstruir nuestro
propio proyecto político, y proponer soluciones alternativas al neoliberalismo.

¿Qué posibilidades se abren a partir del gobierno de Michelle Bachelet?

No solo formularemos demandas al gobierno de Bachelet. También
haremos propuestas, con la prioridad de establecer ahora la educación estatal y gratuita con un presupuesto equivalente al 6% del
PIB. La ambigua reforma educacional de la Nueva Mayoría no es
garantía para resolver el problema educacional. Su propuesta de
gratuidad no tiene una base financiera clara, ni propone un nuevo
proyecto nacional educativo, discutido y establecido por todos los
actores sociales involucrados.

Sebastián Vicencio

Estudiantes llaman a redoblar la movilización social*

Sebastián Vicencio Inostroza (27) estudia el último año de Pedagogía en Historia y es presidente de la Federación de Estudiantes de la Universidad Católica de Valparaíso (Feupucv). Antes cursó tres años de Auditoría en la Universidad de Valparaíso. Su inserción en la política viene de la experiencia con grupos sociales; que conoció al realizar trabajos voluntarios en Diego de Almagro, Copiapó, Petorca y Lota. «Allí descubrí un Chile distinto, que está oculto por múltiples fachadas», dice.

Milita en la UNE, agrupación política que surgió de las movilizaciones de 2011. «Estamos levantando un bonito proyecto en todo el país, lo que significó unir esfuerzos aislados. Muchos de la misma región, que antes no nos conocíamos, hemos empezado a remar para el mismo lado. La UNE es una organización política universitaria que agrupa a colectivos de distinta denominación, que antes no tenían vinculación entre sí. Al calor de la movilización vimos la necesidad de converger, porque la Concertación, el PC u otros sectores de izquierda no nos representaban».

La UNE realizó un congreso fundacional en 2012. Definió líneas a seguir para el periodo, logrando aglutinar a un movimiento político universitario que está presente en todas las regiones, convertido en un actor relevante de la CONFECH. Hoy tiene la presidencia de organizaciones importantes como las federaciones de

---

* Publicado en *Punto Final*, edición no. 798, 24 de enero, 2014.

estudiantes de las universidades de Concepción, Católica de Valparaíso, Federico Santa María de Valparaíso y Universidad de la Frontera de Temuco, con presencia significativa en las federaciones estudiantiles de las universidades de Chile, Austral, Los Lagos y Valparaíso.

Sebastián Vicencio afirma que los grandes empresarios están dispuestos a hacer algunas concesiones para asegurar la estabilidad del modelo económico y la gobernabilidad del país. La presidenta Bachelet tiene la misión de ejecutar esa tarea mediante un programa tibio, en que las demandas populares han sido distorsionadas para impedir que se encaren problemas de fondo. Para enfrentar esta realidad propone redoblar las movilizaciones, marchas y paros, con basamento en las demandas de los movimientos sociales, levantando simultáneamente una alternativa política transformadora para enfrentar al duopolio (Nueva Mayoría-Alianza) en el poder.

¿Cuáles son los referentes que la UNE tiene en la izquierda chilena?

Somos una organización joven, surgida de las luchas estudiantiles. En estos años hemos acumulado experiencia y a partir de esta vamos a buscar definiciones ideológicas de mediano y largo plazo, que quedarán plasmadas en el segundo congreso de la UNE, que realizaremos a fines de este año.

Nuestra raíz está en la experiencia de la Unidad Popular, en el gobierno de Salvador Allende y en la tradición de los movimientos de obreros, campesinos y pobladores del siglo XX. Aunque no nos casamos con una particular visión doctrinaria, porque provenimos de diversas vertientes ideológicas.

En nuestro congreso también tendremos que definir qué haremos cuando salgamos a ejercer nuestras profesiones u oficios. La forma natural de actuar, pienso, será levantar organizaciones de profesionales o vincularnos a los movimientos sindicales de los distintos sectores de la industria o los servicios.

¿Cómo piensan romper el duopolio en el poder?

Tenemos que aprovechar los espacios institucionales de buena manera, dando a conocer a la ciudadanía nuevas formas de trabajo y organización. La política chilena esta licuada y hay mucha adhesión por conquistar. Ganó la Nueva Mayoría en el marco de una elección en la que votó menos del 50% del padrón, y la derecha está haciendo su crisis.

¿Cómo visualizan una alternativa a estos bloques?

Aunque los sectores dominantes de la política chilena están muy desacreditados y aislados, podrían recomponerse. Este año será el de los intentos de relegitimación del sistema de partidos en el poder, usando la figura de Michelle Bachelet para reencantar al pueblo. Es un momento complejo porque si ellos logran su objetivo, se puede cerrar un ciclo de lucha y los sectores que estamos a la izquierda del PC corremos el riesgo de hacernos invisibles o de que nos cataloguen de ultraizquierdistas.

Para enfrentar esta situación, hay que levantar una alternativa unitaria mucho más fuerte y transversal, que impida una dispersión como la ocurrida el año pasado con la división de la izquierda en tres o cuatro candidaturas presidenciales que no lograron confluir en un proyecto unificado, aunque discursivamente planteaban líneas muy similares.

¿Bastará solo con la izquierda para construir esta alternativa?

Apostamos a fortalecer un programa transformador, que sea el fruto de las luchas sociales. Para instalar en el debate la nacionalización de los recursos naturales, debió ocurrir la paralización durante un mes de los subcontratistas del cobre en 2007; en 2011 necesitamos la actividad de los estudiantes para explicar a la ciudadanía la importancia de la defensa de los recursos naturales para conseguir educación pública y gratuita como un derecho universal.

Tenemos el gran desafío de levantar día a día, junto a otros actores políticos, un proyecto transformador muy amplio, que relacione nuestra demanda por educación con otras transformaciones estructurales. Sabemos que una tibia reforma tributaria de Bachelet no va a solucionar los problemas de la educación y que para resolver los temas de fondo, el Estado necesita recaudar recursos potenciales que hoy se los está llevando el capital extranjero a través de la explotación de recursos mineros que son de todos los chilenos y chilenas.

Aparentemente los grandes poderes económicos están dispuestos a hacer concesiones para mantener la gobernabilidad.

Los sectores más lúcidos del empresariado se dan cuenta que deben hacer concesiones porque está en riesgo la gobernabilidad y la estabilidad económica. Protestas, marcha en las calles, toma de carreteras, interrupciones en la producción de cobre y paralización de los puertos van entregando a los sectores gobernantes luces de que si no ofrecen potentes señales de cambio, algo más serio para sus intereses puede pasar en el futuro.

La Nueva Mayoría intenta ordenar este tablero que comienza a mostrar señales de inestabilidad. A esas grietas, Bachelet tendrá que darle una estucada fina para que no se vean las fisuras. Hasta ahora el centro de la discusión ha sido la demanda por educación pública, gratuita y de calidad. Pero mañana será el cambio del sistema de pensiones y de salud.

La izquierda política y social tiene el desafío de demandar educación, salud, vivienda, regionalización y participación democrática, para impedir que estas demandas estructurales sean despojadas de su sentido original. Bachelet habla de educación gratuita, pero al final propone gratuidad solo para el 70% más pobre y extendida a un periodo de seis años, considerando adicionalmente el peligro latente que con platas del Estado se terminen financiando proyectos de la educación privada.

Desde 2011 el pueblo ha venido demandando una Asamblea Constituyente para terminar con una Constitución generada en dictadura, que se hizo entre cuatro paredes y fue legitimada en un plebiscito fraudulento. Cada vez que se instala en la opinión pública una demanda, la clase dominante la recoge, la digiere y la desvirtúa. La Nueva Mayoría habla de una reforma a la Constitución aprobada sin deliberación popular por un Congreso deslegitimado, que será asesorado por una «comisión de expertos», cuyas conclusiones podrían ser ajenas a las aspiraciones sentir de la gente común y corriente.

¿Qué debiera hacer el movimiento estudiantil en 2014?

Esperamos movilizaciones, asambleas y gente empoderada y preocupada de saber lo que se está debatiendo. Si se abren caminos distintos de los que originalmente se plantearon, haremos propuestas, generaremos ideas propias y tendremos un discurso crítico y denunciante. Vamos a dejar al desnudo las incongruencias, movilizándonos en la calle cuando se estén discutiendo reformas fundamentales. Por otro lado tensionaremos a la «bancada estudiantil» del Congreso para que asuma lo que piensa la gente en las calles.

El movimiento estudiantil se ha radicalizado. ¿Cómo conseguirán que no signifique aislamiento?

Confío en que el sentido de la realidad nos indique que la única forma de incidir en los procesos que vienen es lograr un acuerdo muy amplio, aunque tengamos que deponer circunstancialmente diferencias, en beneficio de actuar en conjunto.

¿Incluye este debate la causa mapuche?

Por cierto que entre los derechos están incluidos los de los pueblos originarios a sus identidades culturales, a la posesión de tierras y a la autodeterminación. Existe una ocupación del territorio mapuche por empresas forestales que usan a sus habitantes como mano de obra barata. Por ese motivo nos estamos vinculando con los trabajadores forestales y comuneros mapuches, para apoyarlos en sus justas luchas.

Sabemos cómo han actuado Piñera y los gobiernos de la Concertación, ahora hay que observar cómo actúa la Nueva Mayoría en el marco de este nuevo ciclo de movilizaciones sociales. Veremos si decrecen los niveles de represión, si se asume la escasez de agua y el deterioro feroz del medioambiente y si se enfrenta el centralismo santiaguino respecto a las regiones.

¿La presencia del PC en la Nueva Mayoría podría incidir en un cambio?

El PC asumió una tesis muy arriesgada. Es minoría ante los partidos de la Concertación, y no veo que tenga una incidencia mayor en las decisiones de la Nueva Mayoría. Los comunistas tendrán una cancha política muy estrecha para actuar. Hablan de circunscribir su acción al programa. Pero en ese programa hay puros títulos y contenidos desdibujados. No postula el fin de las Administradoras de Fondos de Pensiones (AFP), la renacionalización de los recursos naturales ni una reforma laboral. Con un programa tan tibio, el PC no tendrá mucho que defender.

Melissa Sepúlveda

No avalaremos el «maquillaje» de este modelo*

Nacida en Concepción, Melissa Sepúlveda Alvarado (23), presidenta de la FECH, cursa el cuarto año de Medicina y milita en el Frente de Estudiantes Libertarios (FEL). Tiene dos hermanas, Denisse, que cursa un doctorado en Bioquímica en la Universidad de Chile, y Belén, seleccionada nacional de vóleibol, que cursa tercero medio en un colegio de San Pedro de la Paz, donde también estudió Melissa. Su padre, Danilo Sepúlveda, exjugador de fútbol de Deportes Concepción, es un pequeño empresario de la construcción.

Anuncia que los estudiantes chilenos harán propuestas de un modelo alternativo de enseñanza, que tendrá como eje una educación gratuita, igualitaria y de cobertura universal. Dice que el nombramiento del economista Nicolás Eyzaguirre como ministro es funcional a una lógica mercantil. En coherencia con lo resuelto por la CONFECH en Temuco, se muestra dispuesta a conversar con las nuevas autoridades, aunque con la condición de que entre los temas estén las propuestas de fondo planteadas por los estudiantes.

La FECH abre caminos conjuntos para discutir cuáles serán los contenidos de la educación que quiere el movimiento estudiantil, más allá del tema de la gratuidad; que si bien es importante, es solo un factor más en la búsqueda de la integralidad y coherencia de un modelo educativo que evite la segregación y las desigualdades. Este año los estudiantes han iniciado un debate profundo sobre el conte-

* Publicado en *Punto Final*, edición no. 800, 21 de marzo, 2014.

nido de la educación, considerando, por ejemplo, la eliminación de
la discriminación de género o sexual, para avanzar hacia una perspectiva de ruptura con una cultura patriarcal en la enseñanza.

¿Cómo ve la situación de las regiones?

Todo el flujo de dinero, cultura y conocimientos está concentrado
en Santiago y en algunas ciudades. Hay abandono de otras zonas
geográficas, en las que faltan cosas básicas, como personal de
salud. Esa realidad ha creado movimientos regionales, que constituyen un componente fundamental de este rearme del movimiento
popular. Han obtenido logros significativos a través de la acción
colectiva, como que Freirina sacara a un grupo económico tan
poderoso como Agrosuper de su comuna.

¿Cuál es el desafío para el movimiento estudiantil en este contexto?

Pusimos en el centro del debate la educación y hemos contribuido
a fortalecer las organizaciones sociales. Reafirmamos nuestra disposición al diálogo, aunque el aprendizaje histórico nos obliga a
ser cautos antes de sentarnos a una mesa de negociación. No queremos avalar otro maquillaje del modelo educativo.

Recordamos que Eyzaguirre instauró el Crédito con Aval del
Estado (CAE), que involucró a la banca privada en el endeudamiento estudiantil. La Nueva Mayoría ha hecho una cooptación
de nuestras consignas. Su programa habla del derecho social a la
educación y de gratuidad; pero existen distintas posiciones entre
sus partidos y todavía no sabemos cuáles serán las que predominen. Hemos sido enfáticos en señalar que el programa de Michelle
Bachelet no garantiza el derecho universal a la educación, porque
continuará la lógica de focalización de recursos sin entregar cobertura universal.

Este será otro año de movilizaciones estudiantiles, pero no solo
en las calles; también será el año del debate público, para dotar de

contenidos un proyecto de educación realmente construido por el pueblo.

¿Se manifiestan en CONFECH las ideas de la Nueva Mayoría?

La Nueva Mayoría tiene escasa presencia en las organizaciones universitarias que, a través de un aprendizaje colectivo, han cuestionado la lógica de relación con los partidos tradicionales. La manipulación de las organizaciones, que sigue ocurriendo en el mundo sindical, ha sido fuertemente criticada por los estudiantes. Nuestros voceros tienen que expresar ahora la reflexión que se genera al interior del movimiento estudiantil y a aquel que no actúe de acuerdo a las decisiones de su base, las asambleas se lo enrostrarán.

Esto ocurre no solo porque nos gusta la democracia directa, sino también porque en 2001 y 2006 ese tipo de liderazgo nos costó muy caro, porque inevitablemente está asociado a prácticas políticas tradicionales.

Esa diversidad es también volatilidad. Tres corrientes distintas han conducido la FECH desde 2011.

Este cambio de conducción no puede entenderse sin analizar los cambios en la sociedad. Hasta hace poco no existían fuerzas políticas importantes a la izquierda del PC y ahora hay varias organizaciones que están presentes en ese espacio, luego del viraje de los comunistas hacia el centro. Son fuerzas políticas que vienen trabajando desde hace años en los centros de alumnos, barrios o sindicatos y que ahora encuentran la oportunidad de crecer.

Cuando exigimos un nuevo proyecto educativo, también estamos proponiendo la participación de nuevos actores en esa construcción. Esa generación de espacios de poder permite que estos actores permanezcan y se hagan parte activa en lo que se construya. Desechamos la tesis de que el problema de la educación en

Chile es solo técnico o administrativo. Por el contrario, creemos que los expertos y los tecnócratas son parte del problema de la educación. Por eso queremos tener un protagonismo desde la base social, para que sean las comunidades educativas empoderadas las que puedan tener control sobre lo que se enseña.

También hay una gran dispersión de esa nueva izquierda.

Es un proceso de prueba y error que a veces cuesta caro. En la coyuntura que se abre a partir de 2014, la dispersión es algo que tenemos que superar. Es fundamental que esta izquierda resuelva sus diferencias, para construir a la brevedad una alternativa que ofrecer al pueblo, frente a los otros dos grandes conglomerados (Nueva Mayoría-Alianza) que han sido protagonistas de la política hasta ahora.

Tenemos que aprender a trabajar desde los puntos comunes, que son muchos, y las diferencias deben ser tratadas mediante el debate entre los distintos exponentes sociales y políticos que constituyen el movimiento popular.

Sectores del movimiento estudiantil se han mantenido al margen de las elecciones. ¿Qué piensa?

Mi decisión personal de no votar responde al hecho de que existe una institucionalidad cerrada, que impide la transformación dentro de ese escenario político. De mi parte no hay rechazo *a priori* a las elecciones, como lo hacen algunas corrientes del movimiento ácrata. Mi postura es que no existe ahora una posibilidad de disputa real del poder a través del sistema político y que participar significa —en este contexto— más bien un desgaste.

Una apuesta electoral debe estar condicionada a objetivos políticos concretos y en este momento no hay posibilidad de disputar la institucionalidad por dentro. Todavía no tenemos fuerza suficiente para lograr una Constitución favorable a los intereses de la mayoría del pueblo. En otros momentos de nuestra historia, como cuando finalizaba la dictadura, la fuerza del movimiento estudiantil y social terminó validando una institucionalidad que no le convenía.

¿Cómo ve la realidad de Venezuela?

Como latinoamericanos, la situación de Venezuela no nos deja indiferentes. Debimos pronunciarnos como FECH por las comparaciones que se hicieron entre el movimiento estudiantil chileno y los estudiantes venezolanos.

Nosotros hemos defendido una educación que beneficie a una gran mayoría del pueblo y el nuestro no ha sido un movimiento de oposición a un gobierno determinado. En Venezuela se trata de estudiantes que carecen de una organización que los agrupe y sus manifestaciones se sitúan en un contexto político muy distinto al nuestro. Los movimientos sociales no son legítimos solo porque sacan personas a la calle, también importa su orientación. Durante la Unidad Popular hubo manifestaciones callejeras para desestabilizar al gobierno de Salvador Allende, y la FECH estuvo contra ellas.

Conocemos bien la receta de la desestabilización, del bloqueo económico, del desabastecimiento, de las marchas callejeras y la utilización de las redes sociales para distorsionar la realidad de lo que ocurre en un país. No queremos que esto pase, sea cual sea el lugar del mundo donde suceda. Si la derecha quiere disputar el poder en Venezuela, debe buscar la vía electoral. Ellos han perdido numerosas elecciones, dentro de un sistema que ha sido calificado por múltiples organismos internacionales independientes como uno de los más transparentes del planeta. Estamos muy atentos a la manipulación de lo que sucede en Venezuela, porque la mayoría de la población en Chile no está organizada ni tiene acceso a contrainformación y solo recibe las noticias que los medios masivos le entregan.

Javier Miranda

Estamos ante un nuevo ciclo neoliberal*

Javier Miranda Sepúlveda (23 años), presidente de la Federación de Estudiantes de la Universidad de Concepción (FEC en el periodo 2013-2014). Estudia la carreta de Pedagogía en Matemáticas y Computación en la principal universidad de la Región del Biobío. Milita en la Unión Nacional Estudiantil (UNE) y ganó la FEC con una coalición integrada por tres grupos políticos con presencia universitaria: UNE, Fuerza Universitaria Rebelde (FUR), Frente de Estudiantes Libertarios (FEL). Añora la lluvia y el hogar en su natal Puerto Montt.

Javier Miranda piensa que el gobierno de Bachelet no es como el de Piñera, ni como los anteriores de la Concertación. «Es un proyecto de gobernabilidad neoliberal que trae aparejada una restructuración de la elite política para mantener sus privilegios».

Según el dirigente estudiantil, el sector más lúcido de la Concertación se dio cuenta de que debía realizar ciertas concesiones a los movimientos sociales que han generado inestabilidad y debilitado su base de representación política. «Vendrán acercamientos y ofertas. Ante eso tendremos que precisar nuestras propuestas y marcar las diferencias programáticas con el gobierno, sin dejarnos embolinar con ambigüedades. Estamos dispuestos a dialogar, pero interpelaremos de manera permanente al ministro Nicolás Eyzaguirre y buscaremos resolver las diferencias sobre la base de

---

*   Publicado en *Punto Final*, edición no. 801, 4 de abril, 2014.

definiciones concretas. Nuestras posiciones no pueden ser las mismas que cuando pedíamos educación gratuita a Piñera y nos contestaba que la educación es un bien de consumo. Si ahora le pedimos a la presidenta Bachelet educación gratuita, ella nos contestará que sí, pero no estamos hablando de la misma educación gratuita».

La CONFECH espera que el gobierno aclare qué pasará con el aporte de fondos públicos a empresarios privados de la educación, o cuál será el financiamiento fiscal a las universidades estatales. «Cuando la presidenta habla de 70% de gratuidad en educación durante su gobierno, ¿de qué gratuidad está hablando? ¿Qué pasa con los mecanismos de democratización de la enseñanza superior y con la derogación de la legislación que la impide, ahora que el gobierno tiene mayoría en el Congreso?».

Para Javier Miranda, la transformación de la educación no vendrá desde la Nueva Mayoría. Habrá que generarla mediante la movilización, en un proceso extendido en el tiempo «en el que tendremos que medir muy bien nuestros pasos para avanzar en las transformaciones que buscamos».

¿Cómo evalúan la acción conjunta con otros movimientos sociales?

El movimiento estudiantil ha madurado, tiene mayor capacidad de elaboración política y cohesión interna. Queremos resguardar lo que hemos construido, porque sabemos lo que representamos para la sociedad chilena. El movimiento estudiantil se ha ganado legitimidad para plantearse sobre temas políticos de interés nacional e incluso internacional. Tenemos credibilidad y debemos cuidarla.

Necesitamos articulación mayor con otros sectores sociales. Nuestra prioridad son aquellos que están en cada uno de los niveles de la enseñanza. Además, tenemos que profundizar nuestras discusiones, activar las asambleas, plenarios y otros espacios de decisión estudiantil, para contar con el respaldo de nuestra base.

La dinámica del movimiento estudiantil es distinta a la de otros sectores. Avanzamos más rápido en unos temas y más lento en otros. La movilización que logramos el 26 de julio de 2013, con miles de estudiantes en la calle, faenas detenidas en varias divisiones de CODELCO y paralización del 90% de las actividades portuarias, constituyó un éxito y nos demostró hasta dónde están dispuestos a llegar trabajadores y estudiantes unidos en una causa justa. Con estos sectores de trabajadores de avanzada y movimientos locales, como los que luchan por el agua en Petorca o el valle del Huasco, podemos llegar muy lejos. No obstante, los estudiantes tenemos que entender también que así como estos sectores se ponen a disposición de nuestras luchas, nosotros tenemos que ponernos a disposición de las suyas.

Como FEC hemos generado una relación con comunidades lafkenche (mapuches del borde costero) desde el Biobío al sur, con diferentes organizaciones que se están articulando para sus luchas. Tampoco es casual que realizáramos la reunión de la CONFECH en el Hogar Estudiantil Mapuche de Temuco, coincidiendo en esa oportunidad con la reactivación de la Federación Mapuche de Estudiantes (FEMAE).

¿Hay un nuevo ciclo en la política?

En 2011 se abrió un nuevo ciclo político. Hay espacios en disputa en la izquierda, el centro y la derecha. Existen rearticulaciones de fuerzas y se crean nuevos referentes, como Evopoli o Amplitud en la derecha. La Concertación suma al Partido Comunista y se convierte en Nueva Mayoría, que ha tenido algún éxito hasta ahora porque logró resolver parcialmente su crisis interna por esta vía.

Nosotros también buscamos alternativas y tomamos posición dentro del escenario político. La incorporación del PC a Nueva Mayoría deja en la izquierda un espacio que alguien tiene que llenar. Es indispensable la creación de una referencia política unitaria, que tenga capacidades reales para establecer un programa que permita a la ciudadanía postergada enfrentar las dificultades que vive diariamente. Debe ser un referente con vocación de poder, que haga posible en algún momento acceder al gobierno. Podrá haber diversas tesis acerca de cómo resolver este desafío y estamos dispuestos a discutir con otros, con flexibilidad orgánica y táctica, cuál sea la fórmula que nos permita movernos mejor en la tarea de enfrentar a los poderosos.

El mayor freno que tenemos para lograr unidad es el sectarismo. En la Unión Nacional de Estudiantes (UNE) tratamos de desmarcarnos de esas prácticas, aunque tampoco estamos libres de ellas. Es todo un desafío para la izquierda salir de la marginalidad para presentarse ante el país con una vocación de mayoría. Vemos un sinfín de organizaciones políticas de izquierda, pero son muy pocas las que tienen real inserción en las organizaciones sociales. No podemos quedarnos en la mera teoría. También debemos llevar nuestras ideas a la práctica. En la medida en que podamos combinar teoría y práctica, podremos entender que los procesos políticos no se pueden idealizar y que habrá ocasiones en las que tendremos que ceder y en otras, defenderemos nuestras propuestas hasta el final.

¿Qué propone para asumir la diversidad política de la izquierda?

Los que constituimos la UNE provenimos de una serie de colectivos políticos situados principalmente en universidades regionales. Nos dimos cuenta que podíamos ir juntos hacia el mismo lado. Tuvimos un proceso de convergencia en una organización de carácter nacional que ha sido difícil de consolidar.

La diversidad de realidades de un país como Chile y la existencia de un gran número de fuerzas políticas en la izquierda, hace imprescindible un referente político nacional descentralizado y plural. Pero para descentralizar, es importante generar también otros centros de pensamiento y acción. Nuestros compañeros de

Puerto Montt se han planteado la tarea de expandir su influencia hacia Chiloé y otras zonas del sur, para crear desde allí una nueva centralidad política. Sabemos que es difícil competir con Santiago o Valparaíso en esos términos. Pero la descentralización de la política no va a ocurrir por decreto, sino porque los actores en distintos puntos del país logran establecerse como protagonistas y hacer política en sus territorios.

¿Es difícil el tránsito de la política universitaria a la política nacional?

Es una tarea pendiente para los grupos situados a la izquierda de la Nueva Mayoría. Nos damos cuenta de que eso de que hoy somos estudiantes y mañana trabajadores, no es un cambio automático. Nuestros compañeros no salen a trabajar como obreros subcontratistas en las empresas forestales, como operarios en un *packing* o jornaleros en una salmonera. Son ingenieros, arquitectos, profesores, médicos o abogados, que se sitúan en posiciones de poder dentro de las empresas o instituciones para las que trabajan. Otros abren oficinas propias como profesionales liberales y se alejan del contacto cotidiano con las faenas productivas.

En la UNE estamos pensando cómo ejerceremos nuestras carreras fuera de la universidad con una perspectiva política, ya sea creando referentes orgánicos, espacios de discusión y elaboración que nos permitan dar continuidad a lo que iniciamos cuando éramos estudiantes. Quienes tenemos formación y una disciplina militante, debemos seguir aportando en nuestros espacios laborales para la construcción de herramientas políticas que apoyen los proceso de transformación de la sociedad.

Parece haber disonancia entre la vieja izquierda y una nueva con otras vivencias.

Nos vemos como una nueva generación de militantes, que debe convivir con un amplio grupo de organizaciones e individuos con formación política. En la campaña presidencial de Marcel Claude (que apoyó la UNE) y en otras instancias de convergencia, hemos establecido vínculos con compañeros que tienen una larga militancia en organizaciones de izquierda y que mantienen intactas sus convicciones. Creemos necesario también aunar fuerzas con ellos en un proyecto común, que acoja a todos los que tengan algo que aportar en experiencia o ideas.

Estas organizaciones y cuadros políticos, que vienen dando la pelea desde hace muchos años, vivieron la clandestinidad durante la dictadura y han conocido realidades de otros países. Ellos constituyen un aporte fundamental en la construcción de este nuevo proyecto histórico al que aspiramos para Chile. Desde ahí tiene que generarse una nueva referencia, con mucha apertura y humildad. Algunos de estos compañeros deben entender que no poseen la verdad absoluta, y que los más jóvenes también tenemos un aporte que hacer a partir de nuestra experiencia y nuestra propia elaboración política.

¿Por qué lo que sucede en Venezuela es tan importante para los estudiantes chilenos?

La CONFECH dio un respaldo contundente a la declaración de la FECH, y se sumó a una convergencia de estudiantes latinoamericanos que apoyamos a la Revolución Bolivariana. Los motivos que tiene para movilizarse el movimiento estudiantil chileno, no tienen que ver con lo que hacen grupos estudiantiles venezolanos. Lo que ocurre en Venezuela es una interpelación directa y nos obliga a tomar posición, porque detrás de la desestabilización del gobierno de Nicolás Maduro está la mano de los yanquis. Es el guión conocido de una conspiración muy similar a lo que ocurrió en los 70 con la UP y Allende.

Como movimiento estudiantil, estamos por una transformación profunda de la educación, por la recuperación de los recursos naturales, por la apertura de procesos democráticos, por el reconocimiento de derechos sociales para la ciudadanía y por los procesos de transformación en América Latina. Desde esta mirada, nos vemos en la obligación de desmentir cualquier proximidad con los intereses que mueven a esos estudiantes venezolanos.

Hoy tenemos que pensar la política con una perspectiva continental y mundial. Venezuela es el sostén de un polo progresista en Sudamérica, mientras Chile y Colombia han sido hasta ahora el polo de derecha dentro del concierto latinoamericano. Para dar un golpe de timón a la política exterior chilena, necesitaremos también la convergencia con otros países del continente y por eso defendemos procesos de transformación como el venezolano.

Lorenza Soto

Estudiantes van otra vez a la calle*

Lorenza Soto Eilers (17), alumna de 4° medio del Liceo Manuel de Salas, vocera de la ACES en 2014. Convocó a la primera marcha estudiantil en el gobierno de Michelle Bachelet. Dice que el objetivo de largo plazo es el control comunitario de la educación; acusa al gobierno de dialogar sin propuestas claras, demanda que las comunidades escolares decidan el destino de la educación y anuncia otras acciones en la calle para defender las propuestas del movimiento estudiantil.

¿Por qué el reciente congreso de la ACES fue «refundacional»?

El año pasado constatamos que la movilización comenzaba a decaer y nos dimos a la tarea de recuperar las ganas de movilizarnos. Convocamos a un congreso refundacional. Nos propusimos cambiar la estructura orgánica de la ACES y su modo de funcionamiento. En el verano estuvimos trabajando en comisiones, esto nos permitió hacer una buena discusión.

Cada liceo o colegio tiene su propia realidad, y sus estudiantes distintas maneras de organizarse. No es lo mismo un liceo emblemático de Santiago, con un centro de alumnos elegido democráticamente, que otro de Puente Alto en que la directora designa «a dedo» a los dirigentes. Tenemos una organización horizontal. Entre todos tomamos las decisiones y no necesitamos una estruc-

---

* Publicado en *Punto Final*, edición no. 802, 18 de abril, 2014.

tura piramidal, donde solo algunos representantes hablan y deciden por todos.

La institucionalidad actual no es el camino para conseguir resultados, porque conduce a soluciones de parche, como las de 2006 que culminó con la traición al movimiento estudiantil. No creemos en la vía institucional, pero estamos abiertos al diálogo porque necesitamos saber qué piensan los otros sectores. .

¿Cuál es el camino alternativo?
Nuestro principal objetivo sigue siendo el control comunitario de la educación. Queremos administrar las escuelas. Nuestra diferencia clave con el proyecto del gobierno tiene que ver con la manera como se resuelve el control comunitario. En verano estuvimos en cuatro colegios de Cerro Navia, que pretende cerrar el alcalde Luis Plaza (Renovación Nacional). Los apoderados no participaron inicialmente en las tomas, por desinterés o temor. Pero comenzó a activarse la comunidad y muchos nos prestaron apoyo. Apoderadas y niños se incorporaron a la toma.

El gobierno propone consejos consultivos en que participen alumnos, profesores, apoderados; pero no queremos que solo nos consulten, queremos decidir. Esperamos que la reforma educacional no se defina en una mesa de unas cuantas personas, porque los involucrados somos millones. Queremos que la discusión la hagamos profesores, alumnos, auxiliares, directivos, padres y apoderados de cada colegio. Cuando hablamos de comunidad educativa nos referimos a todos los involucrados. Quizá en cien días no tengamos listo lo que queremos lograr, pero nuestro objetivo es que las decisiones se tomen desde abajo.

¿Qué les parecen las prioridades del ministro Eyzaguirre? Fin al lucro, no segregación de alumnos y término del financiamiento compartido.
No funcionamos de acuerdo a las prioridades y tiempos del gobierno. Hablamos de una reforma estructural, no de pequeños

cambios que terminen fortaleciendo el sistema escolar que queremos cambiar.

Queremos tratar con el ministro ciertos temas controvertidos, como la abolición de la educación particular subvencionada y su relación con el lucro; el uso del sistema de voucher (bono portable) para la subvención, o el papel de las agencias fiscalizadoras. También esperamos respuesta sobre las pruebas estandarizadas que producen la segregación (PSU, SIMCE) y sobre el carácter que tendrán los consejos escolares.

¿Y la relación con el Parlamento?

Los parlamentarios deberían estar al servicio del país, pero no sucede así. Son las comunidades las que deben ser protagonistas del cambio. Por eso nosotros no vamos a golpear las puertas del Congreso ni vamos a pedir a los exdirigentes estudiantiles que hoy son diputados que voten por tal o cual artículo del proyecto. Buscamos un cambio profundo.

El Colegio de Profesores plantea un frente común por la educación.

Nuestra relación con los profesores debe darse en los establecimientos educacionales. Muchos maestros no están afiliados al Colegio de Profesores. El Colegio no representa a todos los profesores, así como nosotros tampoco abarcamos a todos los secundarios. Es más productivo que sea cada liceo el que establezca las acciones que realizará. No puede haber un llamado general en circunstancias que los contextos son distintos. Nos estamos reuniendo con las comunidades de nuestros colegios, incluyendo profesores, paradocentes, padres y apoderados, para actuar desde esa realidad. Queremos romper con la visión de que los alumnos solo vamos a estudiar, que el auxiliar va a limpiar y el profesor a enseñar.

¿Cuál es la postura de ustedes respecto a liceos emblemáticos o de excelencia?

Cuando se presentó el debate sobre el *ranking* de notas, en esos liceos emblemáticos se produjo un cambio curricular repentino. Se dejaron de lado materias importantes para el desarrollo cultural de los alumnos, aumentando las horas en ramos que inciden en el resultado de la PSU. Con este modelo, el alumno mejora su desempeño en la prueba de selección, pero debilita su formación integral.

Pueden aprender mucha matemática, ciencias o historia, pero dejarán de lado otras habilidades, como las artísticas, que también son importantes para su crecimiento personal. Cuando salgan de la universidad, seguramente estos alumnos de excelencia van a contribuir a que este sistema siga funcionando como actualmente, sin cuestionarse las falencias del país en que vimos.

¿Cómo se expresa el compromiso social de la ACES?

Nosotros estamos en distintos frentes. Seguiremos realizando diferentes acciones para defender nuestras propuestas. Por eso recibimos al gobierno de Bachelet con movilizaciones. Cuando termine, también lo despediremos con movilizaciones.

Seguimos reivindicando el pase escolar gratuito para los 365 días del año, pero tenemos otras demandas como el control comunitario de la educación, que son de largo plazo. Egresaremos de la educación secundaria; algunos ingresarán a la superior y otros, comenzarán a trabajar; pero dónde estemos, los de la ACES seguiremos luchando porque existan comunidades empoderadas, capaces de actuar por sí mismas.

Aunque sabemos la importancia de la educación en el debate nacional, no olvidamos que hay otros problemas que afectan a las personas, como la vivienda o la mala atención en los consultorios de salud por falta de médicos. Más importante que el «bono marzo» una vez al año, es que una mamá pueda llevar de urgencia su guagua a un consultorio y ser atendida como merece todo ser humano. El proyecto de reforma tributaria viene a legitimar el sistema. Se habla de cobrar más impuestos, cuando estamos entregando nuestros recursos naturales a precio ínfimo a las empresas extranjeras. Los que ahora gobiernan están empeñados en que las cosas sigan como están. Mendigan a los empresarios un poquito más de impuestos, pero se niegan a recuperar los recursos naturales que son de todos nosotros.

¿Han avanzado las demandas estudiantiles desde el 2011?

Profundamente. Quizá no tenemos educación gratuita y seguimos pagando el pasaje escolar, pero la señora que mandó a su hijo a la universidad, que antes tenía que pagar quince «palos» y ahora paga siete, sabe que hemos avanzado. Esas reformas son fruto del movimiento estudiantil.

Nuestras expectativas son altas. Queremos el control comunitario de la educación, algo que probablemente no conseguiremos hasta varios años más. Pero tenemos que pensar también en logros menores, que son muy significativos para la población en general.

En nosotros hay un cambio de conciencia importante. En 2001 nuestra preocupación fue el pase escolar, en 2006 el cambio de la LOCE, en 2011 dijimos «¿Si estamos pidiendo tantas cosas chicas, por qué no luchamos por un nuevo proyecto educativo?». Ahora estamos adecuando nuestras banderas de lucha, porque el panorama cambia. Hay un largo camino por recorrer y tenemos que hacerlo con optimismo, porque ya hemos ganado muchas cosas.

¿Qué autocrítica se hace usted?

Mi autocrítica es que somos muy críticos y que vivimos en una frustración constante. En 2011 pasamos siete meses en tomas, terminó el año y dijimos: «Me cansé, comí mal, dormí mal, repetí de curso y no conseguimos nada». Pasamos el año 2012 deprimidos. No sabemos valorar nuestras victorias. Ha sido un triunfo nuestro que la mayoría de la población ponga en tela de juicio la situación en que vive, en este país de las desigualdades.

Hay que ver el lado positivo de las cosas. Bachelet no plantea una reforma a la educación porque quiere. Sabe que si no lo hace, la gente se le irá encima. Resulta hasta cómico ver en los titulares del programa de la Nueva Mayoría las demandas del movimiento estudiantil. Ante eso, pensamos, ¿qué hacer? Y comenzamos a analizar la letra chica, para darnos cuenta de los vacíos de la propuesta. La conclusión es que ahí no hay claridad.

Ricardo Paredes
Queremos derribar la lógica de mercado*

Ricardo Paredes Brito (18), vocero de la CONES, alumno de tercero medio humanista en el Liceo Manuel Barros Borgoño, de Santiago, vive en la comuna de Maipú. Militante comunista, participa en el movimiento estudiantil desde 2011, cuando cursaba primero medio. Ese año vivió la experiencia de un colegio en gran ebullición. Asistió a reuniones de delegados de curso y estuvo durante ocho meses en la toma del liceo. Le gusta escuchar música, es amistoso, y aficionado al fútbol. Reafirma la unidad con la ACES y la CONES tras el propósito de desmontar el modelo neoliberal de enseñanza y demanda el término de las discriminaciones y segregación que impone el actual sistema a los estudiantes.

¿Cómo ha sido la relación con el ministro de Educación, Nicolás Eyzaguirre?

El 7 de abril nos dio a conocer los lineamientos generales de su proyecto. Nosotros le entregamos nuestras propuestas. En la reunión notamos mucha indefinición de su parte. Todavía no podemos decir que haya puntos de choque, sino más bien indefiniciones; el ministro no tiene una propuesta clara, o al menos no la ha dado a conocer. Como no había cosas concretas, se nos hizo complicado sacar algo en limpio, aunque consideramos positiva la reunión. Este gobierno está en una disposición más dialogante que el anterior.

---

* Publicado en *Punto Final*, edición no. 804, 16 de mayo, 2014.

¿En qué coinciden o difieren?

Estamos de acuerdo en desmunicipalizar, que es una demanda histórica del movimiento estudiantil desde hace más de treinta años. También concordamos en la descentralización económica y administrativa, para que la nueva institucionalidad educacional considere las realidades de cada región. No obstante, hay muchos temas no resueltos, como lo relacionado con la democratización del sistema o la gratuidad del pase escolar los 365 días del año.

¿Cómo es la relación con la ACES?

Con la ACES tenemos clara convergencia. Nos hemos levantado conjuntamente para derribar el modelo neoliberal en educación y esa es la base de nuestra unidad. Pero también tenemos diferencias. La ACES tiene como punto central de su programa el control comunitario de la educación, que se extiende también a la sociedad en su conjunto. Aunque no rechazamos completamente la idea de control comunitario, pensamos que no hay condiciones todavía para ejercer esa clase de control social.

También diferimos en la forma de trabajo y en la manera de organizarnos. La CONES trabaja en una plenaria nacional que representa a un conjunto de federaciones estudiantiles regionales, que han sido electas en votación directa por una mesa regional a la que asisten delegados de los liceos. El modelo de la ACES es asambleísta, y permite participar en igualdad de condiciones a gente que no es representativa de sus propios liceos.

Otra piedra de tope con la ACES son las diferencias ideológicas. Aunque tengamos los mismos objetivos finales, los buscamos por caminos distintos. Nosotros estamos desarrollando una propuesta de participación estudiantil posreforma, para crear una federación unitaria nacional reconocida por el Estado, en la que confluyan todos los actores existentes en la construcción de directivas regionales o nacionales. Creemos que eso daría mayor participación y legitimidad al movimiento secundario.

¿Les perjudica actuar separados?

Cualquier división en el movimiento social es perjudicial.

¿Qué entidades debieran administrar la educación?

Esperamos un modelo de administración democrática, que en un mediano plazo permita que las autoridades que gestionen la educación en una región, provincia o comuna sean electas por quienes residen en cada territorio. Un director regional de educación electo por la comunidad podría responder mejor a lo que quiere esa comunidad en materia de educación. Pensamos en una educación cien por ciento pública y descentralizada, que debe ser financiada y administrada íntegramente por el Estado.

Eso se contradice con el centralismo del Estado.

Partimos de la premisa de que este cambio en educación es parte de otro aún mayor, que debiera abarcar otros sectores del Estado, desregulados durante la dictadura. Me refiero a salud, educación o condiciones laborales para los trabajadores. Por sobre todo, a terminar con la institucionalidad pinochetista, que nos tiene coartados en nuestras posibilidades de construir una democracia sin restricciones.

¿Cómo desatar el nudo de la educación particular subvencionada?

Los colegios particulares subvencionados solo se sostienen bajo la lógica del lucro. No podemos tener corporaciones privadas lucrando con la plata de todos los chilenos. La nueva administración estatal debiera absorber a los actuales colegios particulares subvencionados y reconvertidos en colegios públicos. Queremos derribar la lógica de mercado en educación.

¿Qué piensa sobre el financiamiento por asistencia?

Los fondos para educación no deben depender de si un alumno asiste o no asiste a clases. Estamos por un financiamiento basal; es decir, porque la inyección de recursos públicos se asigne mediante la presentación de un proyecto educativo de cada establecimiento, aprobado y financiado durante todo el año.

¿Cómo terminar con la discriminación y segregación en el sistema escolar?

Aunque todavía el gobierno de la Nueva Mayoría no tiene orientaciones totalmente claras, avanza hacia definiciones más concretas que, como movimiento por la educación, tenemos que impulsar con todas nuestras fuerzas.

Existe un claro debate ideológico entre la Alianza por Chile, que busca impedir los cambios, y las fuerzas progresistas, que queremos cambiar el orden constituido. El planteamiento del ministro Eyzaguirre sobre el mecanismo de selección en los liceos emblemáticos y Bicentenario, es una señal de que la selección de alumnos es un instrumento de segregación.

Hoy, los establecimientos educacionales se miden por los resultados que obtienen, lo que viene acompañado de más recursos, fomentando así una competencia, desigual, entre establecimientos. La educación tiene que ser un lugar de encuentro y no un espacio para la competencia desatada.

El ministro nos dijo que los cincuenta liceos Bicentenario son una muestra más de la crisis que está viviendo el modelo de educación. Propone que el reclutamiento de alumnos deje de hacerse mediante pruebas de admisión. Los liceos Barros Borgoño, de Aplicación o Instituto Nacional no pueden estar reservados solo a una elite y el acceso a sus aulas debe ser igual para todos. Cualquier tipo de selección en el sistema privado, particular subvencionado o municipal, debe terminar. Queremos derrotar las desigualdades, por eso estamos derribando los muros que impiden una educación igualitaria.

Buscamos terminar con la selección de alumnos; pero hay que encontrar mecanismos de reemplazo para reclutarlos, como: el orden de lista, el orden de llegada, la localización geográfica o una combinación de varios criterios. Esperamos conocer los proyectos de ley del Ejecutivo para tener una propuesta más clara sobre este asunto.

¿Qué mecanismo emplearán para el análisis de estos proyectos?

Estamos por la unidad de acción del movimiento estudiantil, aunque existan algunas diferencias. Con la ACES y la CONFECH tenemos mesas de coordinación, que buscamos extender a un movimiento social amplio por la educación, integrado además por profesores y trabajadores de la enseñanza. Es fundamental la presencia en esta mesa de la Coordinadora de Padres y Apoderados por el Derecho a la Educación, que se ha planteado en favor de la lucha de los estudiantes por la recuperación de la educación pública.

La propuesta debe surgir desde los liceos, escuelas y facultades universitarias. Es de primera importancia que el debate se realice en asambleas, porque ello dará a nuestra propuesta la fuerza suficiente para cambiar el modelo. A raíz de la ardua lucha que hemos dado desde 2006, hemos logrado instalar en la sociedad chilena el consenso de que la educación está mal y de que hay que cambiarla.

¿Cómo concilia su militancia en las Juventudes Comunistas con la vocería de la CONES?

Los comunistas tenemos vocación de poder y nos insertamos en los frentes de masa para dar una conducción política que permita avanzar hacia la construcción de mayoría, para ganarle a los poderes fácticos y a la derecha. Buscamos lo mismo para educación que para salud, vivienda, trabajo y un sinnúmero de aspectos que han impedido nuestro desarrollo como sociedad plenamente democrática. Bajo esa mirada, mi militancia en las JJ.CC. no es incompatible con mi participación en el movimiento estudiantil.

¿Hay una vinculación entre la CONES y la Nueva Mayoría?

Muchos creen que la CONES es el cuerpo estudiantil de la Nueva Mayoría, pero aunque las JJ.CC. estén en el gobierno, actuamos como parte del movimiento social y optamos por las reivindicaciones de la comunidad. Nuestras actuaciones no las calibramos según convenga o no al gobierno, eso sería caer en la peor de las subordinaciones sociales y, en última instancia, vender el movimiento. Somos luchadores sociales e iremos hasta las últimas consecuencias en defensa de las propuestas de nuestros compañeros.

¿Cómo son las relaciones entre la CONES el Colegio de Profesores?

El Colegio tiene una propuesta muy concreta de desmunicipalización, que nos sirvió de base para el debate que realizamos entre 2012 y 2013. Tenemos confianza mutua, que nos permite un avance mancomunado.

¿A quiénes perciben como aliados estratégicos?

Los estudiantes tenemos que defender en las calles, en primer lugar, el derecho a la educación y nuestros aliados naturales en ese sentido son la ACES y la CONFECH. Son las dos organizaciones con las que trabajaremos muy unidos entre 2014 y 2018. También vemos como aliados al Colegio de Profesores y a la Corporación Chilena de Municipalidades, que tiene una buena propuesta para traspasar la educación municipal al Estado central. En un sentido más amplio, vemos como aliados a todos los que han acompañado nuestras demandas desde 2011, partiendo por nuestras propias familias.

La Alianza por Chile ha propuesto distinguir entre establecimientos que están bien y mal administrados.

Esa propuesta refuerza la convicción de que los sectores conservadores quieren mantener el modelo de educación privada, porque conviene a sus negocios. No nos sirve una reforma educacional de Plaza Italia para abajo. Luchamos por todos los estudiantes, sin distinción de clase, ideología o religión. Queremos una educación estatal, porque entendemos que la privatización de la educación ha afectado la cohesión social del país.

¿Cómo ve las pruebas de selección?

La SIMCE es un instrumento sesgado, porque no propone mejoras a la calidad de la educación, que era su idea original; plantea el «semáforo educacional», para clasificar los liceos en buenos, regulares, malos o pésimos. Ello hace que las matrículas se vayan moviendo hacia los colegios mejor clasificados. Es una lógica nacida de la raíz más conservadora del país; que sirve para decir que una escuela o liceo no sirve para cerrarlo después, creando en su reemplazo colegios particulares subvencionados.

Felipe Quezada

Reforma deja intacto modelo de mercado*

Felipe Quezada Garrido (22), presidente de la Federación de Estudiantes de la Universidad de Concepción, es estudiante de tercer año de Derecho. Vive en la comuna de Chiguayante, una de las ciudades satélites del gran Concepción. Milita en una organización política universitaria que se llama Para Todos Todo y participa en el colectivo La Disidencia de la Escuela de Derecho. Antes de ingresar a la universidad participó en una banda de rock y practicó deporte, aficiones que debió relegar a un segundo plano para dedicarse a la actividad estudiantil.

Dice que su gestión al frente de la FEC constituye un giro a la izquierda, de inspiración «claramente revolucionaria», ante a la anterior, representada por la alianza entre la Unión Nacional de Estudiantes (UNE) y el Frente de Estudiantes Libertarios (FEL). Apuesta a desarrollar un trabajo más cercano a la base estudiantil y a levantar organización desde los espacios locales.

Recogen mucho de la trayectoria y la elaboración política que tuvo el Movimiento de Izquierda Revolucionaria (MIR) en otro tiempo. «Si bien no pretendemos hacer una réplica, calco o copia de lo que fue esa experiencia, porque entendemos que fue algo propio del contexto histórico en el cual se desarrolló, pretendemos ser una continuidad de lo que ellos representaron dentro de la universidad».

---

*   Publicado en *Punto Final*, edición no. 806, 13 de junio, 2014.

Felipe Quezada dice que su conducción marca un giro a la izquierda del movimiento estudiantil penquista, confirma su compromiso con la movilización estudiantil en la calle y critica las prácticas electoralistas otros sectores de izquierda. Señala que hay atisbos de una recomposición del movimiento sindical en la Región del Biobío y afirma que si se aprueba la reforma propuesta por el gobierno, los alumnos de origen social acomodado seguirán recibiendo mejor educación que aquellos que provienen de los sectores postergados.

En su universidad hay una presencia de la derecha, a través el Gremialismo.

El Gremialismo no se reconoce como un grupo político, pero reivindica la figura de Jaime Guzmán y es cercano a la UDI. Su plataforma electoral, «Construye UDEC», está formulada para referenciar a los estudiantes desde que ingresan. Pese a este gran despliegue, siempre la izquierda les gana la Federación.

Concepción fue una zona industrial, con una fuerte presencia del movimiento sindical. ¿Cuál es la realidad hoy?

Concepción no dista mucho de la del resto del país. Su movimiento sindical es una víctima de la descomposición del campo popular organizado. Hoy existen en la zona atisbos de una reconstitución de un movimiento sindical que no está en la línea tradicional de conducción de la Central Unitaria de Trabajadores (CUT), y a partir de esta realidad estamos haciendo un esfuerzo conjunto, que se expresa en marchas paralelas a la oficial los 1° de mayo o en una «cuenta pública popular» que hacemos el 21 de mayo. En esta línea hay sindicatos importantes, como: la Unión Portuaria del Biobío, FENATS Regional, los sindicatos de los Supermercados Bigger y del Servicio Nacional de Menores (SENAME).

¿Qué opina sobre los anuncios de la presidenta en torno a educación?

Nos oponemos a «maquillar» el modelo de educación de mercado. Se habla de gratuidad universal, pero es falsa. Proponen una redefinición de lo público, diciendo que ciertas instituciones privadas van a cumplir también un rol público, que las habilita para recibir fondos del Estado. En última instancia, el financiamiento se seguirá haciendo a la demanda a través de un voucher (bono portable) al estudiante, que seguirá siendo tratado como un «cliente», que recibe subsidio del Estado para pagar su educación.

Los establecimientos que cumplan con los estándares exigidos para acceder estos recursos del Estado serán necesariamente elitistas y estarán en una primera línea en el mercado de la educación. A esa primera línea no ingresarán los estudiantes de los sectores más precarizados de la sociedad, que pertenecen a las clases populares. A lo más admitirán uno que otro alumno de las escuelas más vulnerables; pero el grueso de los estudiantes tendrá que optar, como hasta ahora, a los liceos técnicos y después a los institutos profesionales y centros de formación técnica, sin importar cuál sea su potencial como estudiante.

Con la reforma propuesta, los alumnos provenientes de los sectores acomodados seguirán teniendo mejor educación y no se desalojará el concepto mercantil, porque los estudiantes seguirán obteniendo financiamiento dentro de la lógica de la oferta y la demanda. Esta supuesta gratuidad ira apuntada hacia las instituciones que sean capaces de atraer más matrícula, haciendo que las universidades compitan para «captar» alumnos y que la extensión universitaria se siga limitando al marketing para «vender» una imagen.

También seguirá la segregación mediante pruebas estandarizadas, que no responden a criterios de selección objetivos y que terminan siendo, en última instancia, casi exclusivamente socioeconómicos. Se mantendrán universidades, colegios secundarios y escuelas básicas para ricos y pobres. Mientras exista mercado y los privados administrando, no habrá calidad igual para todos en educación.

En lucro siempre ha estado prohibido en el sistema educacional universitario chileno, pero las universidades privadas encuentran caminos para burlar esta normativa y lo mismo sucederá cuando los colegios subvencionados se conviertan en entidades sin fin de lucro. No se ve intención de cambio, porque no se modifica el pilar ideológico que sustenta el sistema. Mientras se transfieran fondos públicos a privados, habrá excedentes que generen una tasa de ganancia que se la embolsará el privado.

¿Qué lo separa de la UNE o el FEL?

Nuestras diferencias pasan por distintas apuestas políticas. Nosotros no apostamos a copar todavía espacios institucionales, porque entendemos que la institucionalidad actual no está diseñada para responder a las necesidades del pueblo. Trabajamos en torno a un eje organizativo que propende a reconstituir el campo popular; porque entendemos que en la medida en que seamos capaces de generar organización desde la base, vamos a lograr la fuerza que nos permita hacer las transformaciones que hoy necesita el país. Discursivamente es algo que también plantean organizaciones como la UNE o el FEL, pero su apuesta táctica termina siempre en el juego electoral, que reduce la democracia al ejercicio del voto. UNE y FEL participaron en la pasada elección en la plataforma «Todos a la Moneda», apoyando la candidatura presidencial de Marcel Claude, que estuvo hecha de «parches» populistas o medidas nacional desarrollistas.

Nosotros queremos cambiar los sentidos comunes existentes para subvertir el pensamiento de las personas; en el sentido de cambiar sus concepciones del mundo para construir una nueva democracia, como herramienta ejercida con participación y decisión de base.

Pero ustedes están en la FEC y eso los vincula a la institucionalidad existente.

Es diferente, porque las federaciones estudiantiles son cuerpos que se levantan desde un espacio de representación no estatal. Aclaro además que no descartamos de plano participar de esa institucionalidad en el futuro, pero creemos que ahora no existe apoyo social para sustentar una forma alternativa de gobierno. Ante la debilidad del campo popular, una candidatura que se levante desde esa posición de debilidad no generará un cambio trascendente en la sociedad.

¿Mantienen vínculos con otras organizaciones estudiantiles?

Estamos trabajando para generar una coordinación con otras federaciones universitarias de la Región, como de la Universidad del Biobío y nos vinculamos con los secundarios. No se pueden desconocer los esfuerzos que provienen de otras universidades de la zona, así como también de los escolares. La organización que más estudiantes y liceos agrupa es el Cordón Secundario Rodrigo Cisternas,[3] en el que participan algunos de colegios emblemáticos, como los liceos Enrique Molina y Fiscal. ACES Biobío es reducida y la CONES también es débil.

Una debilidad de la izquierda parece ser la dispersión.

Nuestra prioridad hoy es construir una alternativa de representación política para el pueblo, que posea una vocación revolucionaria. En este contexto, tenemos una crítica profunda a los partidos tradicionales, que son meros frentes electorales. No estamos contra los partidos, pero pensamos que sus orgánicas deben estar acompañadas también de expresiones de poder popular.

---

[3]   Joven trabajador fallecido en una protesta de obreros forestales.

¿Qué cambios quieren lograr hoy en la UDEC?

Es necesario que la investigación que realiza nuestra universidad se oriente hacia las necesidades de la gente y no al fortalecimiento de las grandes empresas productivas forestales o mineras. Es necesario que la universidad deje esta lógica privatista, para convertirse en una universidad con vocación pública, que deje de lucrar a costa de la enseñanza.

Hay un decaimiento de la movilización estudiantil, ¿Cómo piensan revertirlo?

La movilización estudiantil de 2011 fue grande en términos de gente marchando, pero se llevó sobre la base de consignas y un interés «aspiracional». Hoy nuestra demanda tiene mayor contenido y queremos demostrar que solo con gratuidad no se resuelve el problema de fondo; porque la segregación seguirá facilitando el ingreso a la universidad de los grupos más pudientes. Solo una propuesta de educación alternativa, que venga desde el mismo pueblo, nos dejará satisfechos.

¿Qué consenso existe en el movimiento estudiantil sobre sus demandas?

La CONFECH tiene una plataforma seis puntos. Pedimos que se condone la deuda a quienes han estudiado con crédito, que se garantice el acceso universal a la educación superior, que haya mayores espacios democráticos al interior de las universidades, que termine la subcontratación de personal y servicios en esos planteles y que efectivamente sea abolido el lucro, mediante un modelo de financiamiento sustentado en aportes basales del Estado.

¿Qué opina de la reforma tributaria?

El objetivo de la reforma es captar más fondos, pero hay que ver también el origen de esos recursos; porque según la fundación Sol, en la recaudación de impuestos todavía se mantiene un 48% de

Impuesto al valor agregado (IVA); que tiene un carácter regresivo, porque termina gravando especialmente a las personas de clase baja y media.

Sabemos que hay grandes grupos económicos que con apenas el 5% de sus utilidades podrán asegurar educación y salud gratuita para todos los chilenos y chilenas; o que bastaría aumentar levemente el royalty al cobre, para que pudiéramos hacer una reforma tributaria que asegure derechos sociales básicos al conjunto de la población. Es la propia «clase política» la que nos impone trabas para impedir que estos recursos beneficien a la ciudadanía.

Se ha dicho que el proyecto del gobierno ha dividido al movimiento estudiantil

Se habla de división, porque ciertas dirigencias responden a partidos políticos que hoy están alineados con la Nueva Mayoría; pero más que hablar de división hay que decir que hay diferentes opiniones y aspiraciones. La pugna entre distintas posiciones es natural a todo movimiento, que eso decante en un quiebre es otra cosa. Lo cierto es que hay una posición mayoritaria que quiere transformaciones profundas y que las posiciones proclives al gobierno son una clara minoría en la CONFECH.

Algunas opiniones, como la que representa la actual directiva de la Federación de Estudiantes de la Universidad Católica de Santiago (FEUC), a veces de acercan a posiciones del gobierno y en otras toman distancia. Sabemos las conexiones que la Nueva Acción Universitaria (NAU) tiene con Revolución Democrática (RD) y conocemos el vínculo de RD con los asesores en el gabinete del Ministro de Educación.

Nosotros no participaremos de la reforma propuesta por la Nueva Mayoría, porque se hizo a espaldas del movimiento estudiantil y del mundo social, con soluciones que no acaban con la educación de mercado que buscamos erradicar. Por esta vía no habrá avances.

Glosario

ACES: Asamblea Coordinadora de Estudiantes Secundarios.

CAE: Crédito con Aval del Estado.

CONES: Coordinadora Nacional de Estudiantes Secundarios.

CONFECH: Confederación de Estudiantes de Chile.

FEC: Federación de Estudiantes de la Universidad de Concepción.

FECH: Federación de Estudiantes de la Universidad de Chile.

FEUC: Federación de Estudiantes de la Pontificia Universidad Católica de Chile.

FEUSACH: Federación de Estudiantes de la Universidad de Santiago.

FEL: Frente de Estudiantes Libertarios.

Gremialismo: Movimiento estudiantil de extrema derecha que recoge el legado de Jaime Guzmán, fundador de la UDI.

Lafkenche: (mapudungun) identidad mapuche que habita la zona costera del Biobío al Sur y, en particular, en la Región de La Araucanía.

Lof: (mapudungun) comunidad mapuche territorial correspondiente a una familia extensa.

Lonko: (mapudungun) cacique, jefe tradicional de un lof, líder.

Mapudungun: Lengua mapuche.

Mapuche: pueblo que habita el Sur de Chile, concentrado mayoritariamente en la Región de La Araucanía.

NAU: Nueva Acción Universitaria, organización política que agrupa a estudiantes de centro e izquierda en la Universidad Católica de Santiago, que gobierna la FEUC.

Peñi: (mapudungun) hermano.

PSU: Prueba (estandarizada) de Selección Universitaria.

SIMCE: Sistema (estandarizado) de Medición de la Calidad de la Educación.

Su: Sindicato Único de Trabajadores de la Educación.

RD: Revolución Democrática, organización política fundada por los expresidentes de la FEUC, Giorgio Jackson y Miguel Crispi.

Rodrigo Cisternas: trabajador forestal de 26 años, muerto en 2007 en una protesta por mejores condiciones laborales en la localidad de Laraquete, provincia de Arauco, Región del Biobío.

UDEC: Universidad de Concepción.

UNE: Unión Nacional de Estudiantes.

UTEM: Universidad Tecnológica Metropolitana.

UTFSM: Universidad Técnica Federico Santa MaríaUMCE: Universidad Metropolitana de Ciencias de la Educación (UMCE), ex Instituto Pedagógico de la Universidad de Chile.

RUBÉN ANDINO MALDONADO nacido en San Fernando, Chile, en 1952. Es licenciado en Comunicación Social y Periodista titulado en la Universidad de Chile. Ha ejercido la profesión, entre otros medios, en los diarios La Segunda y Fortín Mapocho y desde 1990 es redactor de la revista Punto Final. También ha incursionado en la escritura de ficción literaria a través del cuento. En 2012 publicó el libro Los ilusionistas, una investigación sobre la trayectoria de tres polémicos personajes de la historia reciente de Chile: Jaime Guzmán, Agustín Edwards y Raúl Hasbún.

Como consecuencia de la represión política desatada luego del golpe militar de 1973, debió interrumpir sus estudios de Derecho en la Universidad de Chile y vivir en la clandestinidad hasta 1977. Actualmente se asume como socialista autónomo.

Luego del restablecimiento de la democracia en 1990, prestó servicios profesionales en el Estado, vinculado a la gestión cultural. Su vocación de servicio público le ha llevado además a ejercer cargos sindicales (Fortín Mapocho), gremiales (Colegio de Periodistas de Chile) y de defensa de los derechos de los consumidores (Liga Ciudadana).

Printed in the United States
by Baker & Taylor Publisher Services